BILDNER

1000 schnelle Tasten für Windows und Office

Verlag:
BILDNER Verlag GmbH
Bahnhofstraße 8
94032 Passau

http://www.bildner-verlag.de
info@bildner-verlag.de

ISBN: 978-3-8328-0672-9
Bestellnummer: 0688

Autorin: Marion Fischl
Lektorat und Satz: Anja Schmid
Herausgeber: Christian Bildner

Druck: CPI Clausen & Bosse GmbH, Birkstr. 10, 25917 Leck

Vorwort

Computer sind aus dem heutigen Alltag nicht mehr wegzudenken. Um diese sinnvoll zu nutzen, reicht es nicht, die einzelnen Anwendungen zu kennen, sondern diese auch schnell und sicher zu bedienen. Dabei helfen Ihnen Tastenkombinationen.

An wen wendet sich dieses Buch?

Wenn Sie regelmäßig mit Windows und den Office-Anwendungen arbeiten, wissen Sie, dass Sie bestimmte Befehle immer wieder benötigen. Dabei über die Maus die Menüs zu benutzen, kostet Zeit. Einfacher geht es mit Tastenkombinationen (engl. *shortcuts*), die bestimmte Befehle ausführen. Dabei bleiben die Hände auf der Tastatur und die weitere Eingabe kann schnell wieder aufgenommen werden.

Windows und Office bieten eine große Bandbreite an Shortcuts, jedoch kennen viele Benutzer nur einen Bruchteil der Möglichkeiten. Dieses Buch hilft Ihnen dabei, die passenden Tastenkombinationen für Ihre Arbeit zu finden.

Über dieses Buch

In diesem Buch sind die Tastenkombinationen nach Anwendungen geordnet. Innerhalb der einzelnen Kapitel werden diese dann nach Bearbeitungsschwerpunkten gegliedert, um Ihnen die Benutzung zu erleichtern. Darüber hinaus steht Ihnen ein Index zum schnellen Auffinden des benötigten Tastenkürzels zur Verfügung.

In Kapitel 2 erfahren Sie, wie Sie eigene Tastenkombinationen festlegen und so das Arbeiten am PC für Sie komfortabler gestalten.

Neben allgemeinen Hinweisen zur Verwendung dieses Buches finden Sie nachfolgend Informationen zu den Tastenbezeichnungen. Manche Tasten sind unter verschiedenen Namen bekannt. Damit Sie wissen, welche Sie drücken müssen, werden hier alle Bezeichnungen aufgelistet.

Wichtige Hinweise zum Gebrauch

- Die Tastenkürzel gelten für die Windows-Versionen Windows 11 und Windows 10 sowie für Office 2021, Office 2019 und Office 2016. Viele der Tastaturbefehle sind versionsunabhängig.
- Wenn Sie hinter einer Tastenkombination die Zahlen 10 oder 11 finden, zeigt das, für welche Windows-Version diese gilt, also für Windows 10 oder 11. Fehlen diese, so ist der Shortcut für alle beiden Versionen gültig.
- Tasten, die Sie gleichzeitig drücken müssen, sind durch ein + gekennzeichnet.
- Für einige Tastenkombinationen benötigen Sie einen **Ziffernblock**, auch manchmal als **Nummernblock** bezeichnet, der auf vielen Notebook-Tastaturen fehlt. In diesem Fall müssen Sie leider auf die Verwendung dieses Shortcuts verzichten. Microsoft verwendet für den Ziffernblock die Bezeichnung **Zehnertastatur**.
- Zudem gibt es Tasten, die sowohl auf dem Ziffernblock als auch im Hauptteil der Tastatur zu finden sind, von denen aber die Version auf dem Ziffernblock für die angegebene Kombination nicht funktioniert. Sie sind mit dem Kürzel **(n. Z.)** gekennzeichnet.
- **Schreibweise:** Befehle, Bezeichnungen von Schaltflächen und Beschriftungen von Dialogfenstern sind zur besseren Unterscheidung farbig hervorgehoben, zum Beispiel Register Ansicht, Schaltfläche Kopieren.

Tastenbezeichnungen

- Die **Eingabetaste** ↵ ist auch als **Enter-** oder **Returntaste** bekannt. Damit beginnen Sie in Textdokumenten eine neue Zeile.
- Mit ← → ↑ ↓ sind die **Pfeiltasten** gemeint. Mit ihnen bewegen Sie normalerweise den Cursor in Dokumenten nach links und rechts bzw. nach oben und unten.
- Die **Rücktaste** ⇦ wird auch als **Backspace-**, **Rückschritt-**, **Lösch-** oder **Korrekturtaste** bezeichnet. Mit ihr löschen Sie in Dokumenten einzelne Zeichen. Sie befindet sich über der Eingabetaste.

- Synonyme Begriffe für die **Umschalttaste** ⇧ sind auch **Hochstell-** und **Shift-Taste**. Mit ihr werden Buchstaben großgeschrieben. Diese Taste ist auf der Tastatur zweimal vorhanden, jeweils links und rechts außen auf Höhe der untersten Buchstabenreihe.
- Die **Leertaste** kennt man auch als **Space-Taste**. Man verwendet sie, um zwischen Wörtern ein Leerzeichen zu setzen.
- Mit ⊞ ist die **Windowstaste** gemeint. Diese kann verschieden aussehen, je nach Tastatur. Die Vierecke in diesem Symbol können gerade oder geschwungen sein.

Da manche Tastaturen auch eine englische Beschriftung aufweisen, hier eine kleine Übersicht:

deutsche Bezeichnung	entspricht	englische Bezeichnung
STRG (Steuerung) Strg	=	CTRL (Control)
EINFG (Einfügen) Einfg	=	INS (Insert)
ENTF (Entfernen) Entf	=	DEL (Delete)

Karteikarten im Buch

Am Ende der Kapitel 1 und 2 finden Sie Karteikarten mit den gängigsten Tastenkombinationen. Sie können diese Karten ausschneiden und neben Ihren Computer legen, um Sie immer im Blick zu haben. So müssen Sie nicht immer wieder das Buch aufschlagen.

Zudem gibt es am Ende des Buches Blankokarteikarten, die Sie ausschneiden und auf die Sie die Tastenkürzel eintragen können, die Sie in Ihrem Arbeitsalltag am häufigsten benötigen.

Sie können die Blankokarteikarten aber auch nutzen, um darauf die selbst erstellten Tastaturbefehle zu notieren (siehe Kapitel 2).

Inhalt

1 Windows 11 und 10

Allgemein

Öffnen oder Schließen des Startmenüs	[Strg] + [Esc] oder [⊞]
Öffnen des Datei-Explorers	[⊞] + [E]
Öffnen des Dialogfelds Ausführen	[⊞] + [R]
Basisinformationen für den Computer anzeigen (System ▶ Info)	[⊞] + [Pause]
Cortana öffnen, um eine Frage zu stellen 10	[⊞] + [C]
Aufrufen der Übersicht für: Computer sperren, Benutzer wechseln, Taskmanager aufrufen etc.	[Strg] + [Alt] + [Entf]
Taskmanager anzeigen	[Strg] + [⇧] + [Esc]
Sperren des Computers oder Wechseln des Benutzers	[⊞] + [L]
Größe von Desktopsymbolen ändern	[Strg] + Mausrad
In geöffneten Menü einer Anwendung: Befehl, zu dem der Buchstabe gehört, wird ausgeführt	unterstrichener Buchstabe
Entsprechendes Menü, zu dem der Buchstabe gehört, wird angezeigt	[Alt] + unterstrichener Buchstabe
Nächstes Menü markieren oder öffnen (rechts vom aktuellen Menü bzw. Untermenü wird geöffnet)	[→]
Nächstes Menü markieren oder öffnen (links vom aktuellen Menü bzw. Untermenü wird geschlossen)	[←]
Zwischen geöffneten Elementen wechseln	[Alt] + [↹]
Zwischen Elementen umschalten (in der Reihenfolge, in der sie geöffnet wurden)	[Alt] + [Esc]
Menü des aktuellen Kombinationsfeldes öffnen (statt Dropdown-Pfeil)	[Alt] + [↓]
Auswahl in einem Menü	[↓] bzw. [↑]
Auswahl übernehmen	[↵]
Eigenschaften für das markierte Element anzeigen	[Alt] + [↵]
Kontextmenü öffnen (für das aktive Fenster)	[Alt] + [ ]

Allgemein

Mehrere Elemente markieren (in einem Dokument/ Fenster/auf dem Desktop)	[⇧] + Pfeiltaste
Alle Elemente markieren (in einem Dokument/Fenster/ auf dem Desktop)	[Strg] + [A]
Suche öffnen	[F3]
Öffnen der Windows-Suche	[Win] + [S] oder [Win] + [Q]
Programm beenden oder aktives Element schließen	[Alt] + [F4]
Wenn mehrere Dokumente in einem Programm geöffnet sind: Schließen des aktiven Dokuments	[Strg] + [F4]
Aktives Fenster aktualisieren (z.B. Datei-Explorer, Browser)	[F5]
Abbrechen einer Aktion, Dialogfenster ausblenden	[Esc]
Tastaturlayout ändern (wenn mehrere aktiviert sind)	[Win] + [ ]
Öffnet eine Trefferliste im Browser Microsoft Edge mit Hilfe zu Windows	[F1]
Computer für die Verwendung mehrerer Monitore / Projektor einrichten	[Win] + [P]
Verschieben eines Fensters von einem Monitor an einen anderen Monitor	[Win] + [⇧] + [←] oder [→]
Suchen nach Computern (nur mgl., wenn sich der Computer in einem Netzwerk befindet)	[Strg] + [Win] + [F]

Kopieren, löschen, Aktion rückgängig machen

Kopieren des markierten Textes oder Objekts	[Strg] + [C]
Ausschneiden des markierten Textes oder Objekts	[Strg] + [X]
Einfügen aus Zwischenablage (Text oder Objekt)	[Strg] + [V]
Markiertes Element löschen (Ordner, Datei etc.) (Lokale Elemente werden in den Papierkorb verschoben.)	[Strg] + [D] oder [Entf]

Kopieren, löschen, Aktion rückgängig machen

Markiertes Element endgültig löschen; Ordner/Datei wird nicht in den Papierkorb verschoben	[⇧] + [Entf]
Rückgängigmachen der letzten Aktion	[Strg] + [Z]
Wiederholen der letzten Aktion	[Strg] + [Y]

Taskleiste und Fenster

Anzeigen des Desktops	[⊞] + [D]
Auswahl eines angehefteten Programms auf der Taskleiste; mehrmaliges Drücken von [T] wechselt zwischen den Programmen; [↵] öffnet das ausgewählte Programm	[⊞] + [T] und [↵]
Öffnen eines angehefteten Programms als Administrator	[Strg] + [⇧] + Klicken auf Programm
Das angeheftete Programm ist bereits geöffnet, z. B. WordPad; es soll ein weiteres WordPad-Dokument in einem zweiten Fenster geöffnet werden.	[⇧] + Anklicken des angehefteten Programmsymbols
Mehrere geöffnete Fenster eines Programms sind auf der Taskleiste gruppiert. Mit dem Kürzel zeigen Sie die geöffneten Fenster nacheinander an.	[Strg] + Klicken auf ein Programmsymbol
Anzeigen des Fenstermenüs für ein angeheftetes Programmsymbol	[⇧] + Rechtsklick auf Symbol
Anzeigen des Fenstermenüs für eine gruppierte Taskleistenschaltfläche	[⇧] + Rechtsklick auf Schaltfläche
Anzeige und Auswahl der geöffneten Programme; Tab mehrmals drücken zum Wechseln und beim gewünschten Programm Tasten loslassen	[Alt] + [↹]
Anzeige der Taskansicht (Übersicht aller geöffneten Programme), mit den Pfeiltasten wählen Sie das gewünschte Programm aus, mit Eingabe bestätigen Sie die Anzeige	[⊞] + [↹], Pfeiltasten, [↵]
Minimieren aller Fenster	[⊞] + [M]

Taskleiste und Fenster

Minimierte Fenster wieder anzeigen	[Win] + [⇧] + [M]
Minimieren aller Fenster (mit Ausnahme des aktiven)	[Win] + [Pos 1]
Aktives Fenster wird an den linken bzw. rechten Bildschirmrand geschoben	[Win] + [←] bzw. [→]
Maximieren des aktiven Fensters	[Win] + [↑]
Aktives Fenster verkleinert anzeigen; nochmaliges Drücken minimiert das Fenster	[Win] + [↓]
Vergrößern des Fensters auf vertikales (nicht horizontales) Maximum	[Win] + [⇧] + [↑]

Öffnen von angehefteten Programmen auf der Taskleiste

In diesem Beispiel sind auf der Taskleiste die Programme Microsoft Edge ❶, Store ❷ und Teams ❸ in dieser Reihenfolge angeheftet. Mit [Win] + [1] wird Edge geöffnet, mit [Win] + [2] der Microsoft Store, mit [Win] + [3] Teams usw. Mit der Taste [Win] erscheint das Startmenü standardmäßig mittig.

Soll das Programm nochmals in einem zweiten Fenster geöffnet werden, verwenden Sie [Win] + [⇧] + Positionszahl.

Sofern mehrere Fenster eines Programms geöffnet sind, zeigen Sie mit [Win] + [Strg] + Positionszahl das letzte aktive Fenster dieser Gruppe an.

Zur Anzeige der Sprungliste eines angehefteten Programms drücken Sie [Win] + [Alt] + Positionszahl.

Datei-Explorer

Explorer öffnen	Windows-Taste + E
Öffnen eines weiteren Fensters	Strg + N
Schließen des Fensters	Strg + W oder Alt + F4
Maximieren bzw. ursprüngliche Größe des Fensters wieder herstellen	F11
Einblenden des Vorschaufensters rechts im Explorer	Alt + P
Menüband erweitern bzw. minimieren 10	Strg + F1
Menü Datei wird geöffnet 10	Alt + D
Auswählen des Suchfelds	Strg + F oder Strg + E oder F3
Adressleiste: Liste der letzten Speicherorte einblenden	F4
Bildlaufleiste an den Anfang bzw. Ende setzen	Pos 1 bzw. Ende
Ansicht ändern (ggf. Inhaltsbereich anklicken)	Strg + Mausrad
Erstellen eines neuen Ordners	Strg + ⇧ + N
Markierte(n) Ordner / Datei umbenennen	F2
Kontextmenü des ausgewählten Objekts anzeigen	⇧ + F10
Dialogfenster Eigenschaften des markierten Elements (Datei, Ordner) öffnen	Alt + ↵
Die weiteren Kürzel beziehen sich auf den Navigationsbereich des Explorers	
Markierten Ordner erweitern bzw. reduzieren (Unterordner anzeigen bzw. ausblenden)	auf Ziffernblock: + bzw. -
Reduzieren der angezeigten Unterordner des ausgewählten Ordners	←
Anzeige der Unterordner des ausgewählten Ordners (wenn reduziert)	→
Anzeigen/Ausblenden des vorherigen Ordners	Alt + ←

Datei-Explorer

Anzeigen des nächsten Ordners	[Alt] + [→]
Anzeigen des übergeordneten Ordners	[Alt] + [↑]

Dialogfenster

Bewegen durch Registerkarten (vorwärts bzw. rückwärts)	[Strg] + [↹] bzw. [Strg] + [⇧] + [↹]
Bewegen durch Optionen, Eingabefelder bzw. Auswahl von Schaltflächen (vorwärts bzw. rückwärts)	[↹] bzw. [⇧] + [↹]
Aktivieren/Deaktivieren von Kontrollkästchen (wenn diese ausgewählt sind)	[ ]
Auswählen einer Schaltfläche (wenn diese Option für eine Gruppe von Schaltflächen aktiv ist)	Pfeiltaste
Befehl der aktiven Schaltfläche ausführen	[↵]
Dropdown-Liste öffnen (wenn sie ausgewählt ist)	[Alt] + [↓] (zweites Mal drücken schließt sie)
Eine Option aus einer Dropdown-Liste auswählen	den ersten Buchstaben einer Option drücken
Schließen der Dropdown-Liste bzw. Abbruch des Befehls bzw. Schließen des Dialogfensters	[Esc]
Anzeigen der Elemente in der aktiven Liste	[F4]

Tasten im Textmodus

Cursor wortweise nach links (rechts) bewegen	[Strg] + [←]/[→]
Zeichen links (rechts) vom Cursor markieren bzw. Markierung entfernen	[⇧] + [←] [⇧] + [→]

Tasten im Textmodus

Wort markieren/Markierung aufheben (links vom Cursor)	Strg + ⇧ + ←
Wort markieren/Markierung aufheben (rechts vom Cursor)	Strg + ⇧ + →
Zum Anfang bzw. Ende eines Eintrags	Pos 1 bzw. Ende
Von der aktuellen Cursorposition bis zum Beginn bzw. Ende eines Eintrags markieren	⇧ + Pos 1 bzw. Ende

Bildschirmlupe

Bildschirmlupe starten	Windows + +
Wechseln in den Vollbildmodus	Strg + Alt + F
Wechseln in den Lupenmodus	Strg + Alt + L
Vergrößern	Windows + +
Verkleinern	Windows + -
Farbumkehr aktivieren und deaktivieren	Strg + Alt + I
Schwenken in Richtung der Pfeiltasten	Strg + Alt + Pfeiltasten
Beenden der Bildschirmlupe	Windows + Esc

Barrierefreiheit

Öffnen des Centers für erleichterte Bedienung (Dialogfenster Barrierefreiheit)	Windows + U
Sprachausgabe aktivieren bzw. deaktivieren [1]	Windows + Strg + ↵
Bildschirmtastatur aktivieren bzw. deaktivieren	Windows + Strg + O

Barrierefreiheit

Kontrast-Designs aktivieren 11 bzw. Modus Hoher Kontrast aktivieren 10	Alt + ⇧ (linke Taste) + Druck
Größe von Desktopsymbolen ändern	Strg + Mausrad

[1] Die Sprache (Deutsch oder Englisch) sowie die Vorlesestimme (männlich oder weiblich) kann unter Einstellungen ▶ Barrierefreiheit ▶ Sprachausgabe geändert werden. Ebenso kann die Sprechgeschwindigkeit an Ihre Bedürfnisse angepasst werden.

Weitere Hilfen
Unter Einstellungen ▶ Barrierefreiheit finden Sie bei Windows verschiedene Möglichkeiten, die Ihnen das Arbeiten am Bildschirm erleichtern, u. a. zur Bildschirmlupe, Textgröße, Toucheingabe, zum Mauszeiger, zu Farbfiltern (etwa bei Rot-Grün-Schwäche) und zur Sprachausgabe. Das Dialogfenster Barrierefreiheit können Sie auch mit ⊞ + U öffnen.

Neu in Windows 11

Öffnen der Widgets(siehe auch nächste Seite) 11	⊞ + W
Öffnen des Windows-11-Benachrichtigungscenters (Info-Center) und des Kalenders 11	⊞ + N
Öffnen der Windows-11-Schnelleinstellungen 11	⊞ + A
Öffnen des Snap-Assistenten/Fenstermanagers (siehe auch nächste Seite) für Layout und Anordnung geöffneter Fenster 11	⊞ + Z

Neu in Windows 11 sind **Widgets**, die aktuelle Informationen bereitstellen. In der Leiste am linken Rand finden Sie Nachrichten, Wettervorhersagen, aber auch Infos aus installierten Anwendungen, z. B. aktuelle Termine des Outlook-Kalenders. Die Tastenkombination ⊞ + W öffnet die Widgets. Um sie wieder auszublenden, klicken Sie einfach auf eine beliebige Stelle des Desktops. Wenn Sie auf eine der Schlagzeilen oder auf Mehr anzeigen klicken, wird automatisch die Nachrichtenseite in Microsoft Edge angezeigt.

Ebenfalls neu in Windows 11 ist der **Fenstermanager**, auch als Snap-Assistent bezeichnet. Dieser hilft Ihnen bei der Anordnung der geöffneten Fenster. Mit der Tastenkombination ⊞ + Z werden verschiedene Anordnungsmöglichkeiten für das aktuelle Fenster rechts oben eingeblendet (Anzahl und Art der Snap Layouts hängen von der Größe des Monitors und der Bildschirmauflösung ab). Wählen Sie ein Layout durch Eingabe der entsprechenden Nummer ❶ aus. Zugleich werden die übrigen geöffneten Fenster als Miniaturen in den restlichen Bereichen des Layouts angezeigt ❷. Klicken Sie auf das Fenster, welches in diesem Bereich eingefügt werden soll. ⇧ +

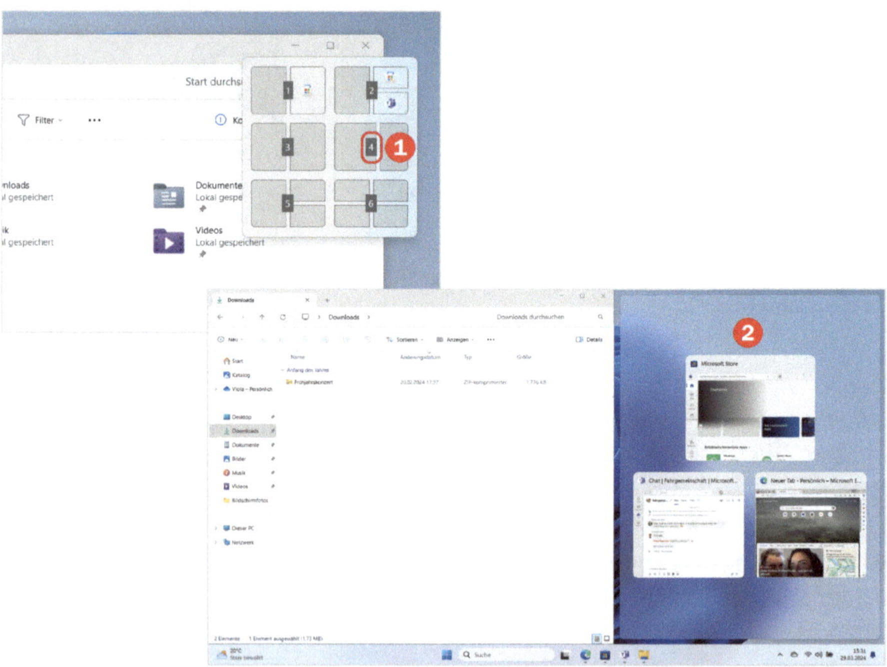

Öffnen des Datei-Explorers	Windows + E
Öffnen der Windows-Suche	Windows + S
Desktop anzeigen	Windows + D
Taskmanager anzeigen	Strg + ⇧ + Esc
Aktives Fenster aktualisieren	F5
Zwischen geöffneten Fenstern wechseln	Alt + ⇆
Programm beenden oder aktives Element schließen	Alt + F4
Computer sperren	Windows + L

Für Windows 11

Öffnen der Widgets	Windows + W
Öffnen der Windows-11-Schnelleinstellungen	Windows + A
Öffnen des Snap-Assistenten/Fenstermanagers	Windows + Z
Öffnen des Benachrichtigungscenters/Kalenders	Windows + N

Alles markieren	Strg + A
Markiertes Element löschen	Strg + D oder Entf
Kopieren des markierten Textes oder Objekts	Strg + C
Ausschneiden des markierten Textes oder Objekts	Strg + X
Einfügen des markierten Textes oder Objekts	Strg + V
Letzte Aktion rückgängig machen	Strg + Z
Wiederholen der letzten Aktion	Strg + Y

Barrierefreies Arbeiten	
Bildschirmlupe starten	Windows-Taste + +
Bildschirmlupe beenden	Windows-Taste + Esc
Öffnen des Centers für erleichterte Bedienung	Windows-Taste + U
Sprachausgabe aktivieren bzw. deaktivieren	Windows-Taste + Strg + ↵
Bildschirmtastatur aktivieren bzw. deaktivieren	Windows-Taste + Strg + O
Größe von Desktopsymbolen ändern	Strg + Mausrad

2 Alle Office-Programme

Tastenkombinationen anpassen

In den Office-Anwendungen können Sie Tastenkombinationen Ihren Bedürfnissen anpassen. Sie können einem Befehl, einer Formatierung, einem Makro etc. eine spezielle, für Sie passende Kombination zuordnen, um so noch schneller häufig verwendete Befehle zu nutzen. Ebenso können Tastenkombinationen entfernt werden. So gehen Sie dabei vor:

1 Öffnen Sie die Registerkarte Datei und wählen Sie Optionen. Es erscheint das Dialogfeld X-Optionen (je nachdem, in welcher Anwendung Sie dies machen, heißt das Dialogfeld anders: In Word z. B. sehen Sie den Titel Word-Optionen).

2 Wählen Sie im Dialogfeld links die Kategorie Menüband anpassen.

3 Klicken Sie unten links auf das Feld Tastenkombinationen: Anpassen. Es öffnet sich das Dialogfeld Tastatur anpassen.

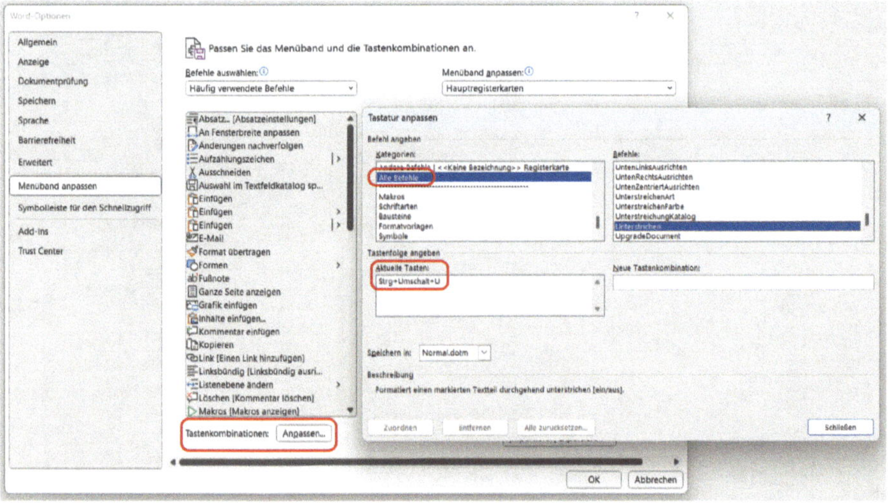

4 Wählen Sie links im Menü Kategorie die Option Alle Befehle. (Da diese Auswahl alle Befehle beinhaltet, ist sie sehr lang. Wenn Sie wissen, in welcher Kategorie der von Ihnen gesuchte Befehl ist, dann können Sie die Liste auch einschränken, indem Sie eine andere Kategorie wählen.)

5 Rechts sehen Sie nun alle Befehle. Wählen Sie denjenigen, den Sie ändern möchten, und klicken Sie darauf. Im Feld Aktuelle Tasten können Sie sehen, welche Tastenkombination diesem Befehl zugeordnet ist (bleibt das Feld leer, sind noch keine Tasten zugeordnet). Sie können unter Beschreibung sehen, welche Aktion mit diesem Befehl ausgeführt wird.

6 Gehen Sie mit dem Cursor in das Feld Neue Tastenkombinationen und drücken Sie dann auf Ihrer Tastatur diejenigen Tasten zusammen, die Sie verwenden wollen. Die Tastenkombination wird automatisch in dem Feld angezeigt.

7 Klicken Sie dann auf den Befehl Zuordnen. Dem Befehl ist nun diese Tastenkombination zugeordnet.

8 Wenn Sie alle Änderungen vorgenommen haben, klicken Sie auf den Befehl Schließen.

Tastenkombination entfernen - so geht's:

1 Wie oben in den Schritten 1 bis 5 beschrieben, öffnen Sie die passenden Dialogfelder. Wählen Sie den Befehl, dessen Kombination Sie entfernen wollen.

2 Markieren Sie die Tastenkombination dieses Befehls im Feld Aktuelle Tasten. Klicken Sie auf den Befehl Entfernen.

3 Nun können Sie dem Befehl eine neue Tastenkombination zuweisen (siehe Beschreibung oben) oder es so belassen. Das bedeutet, dass diesem Befehl keine Tastenkombination zugewiesen ist. In beiden Fällen müssen Sie nun auf Zuordnen klicken, um die Änderung zu übernehmen.

4 Wenn Sie alle Änderungen vorgenommen haben, klicken Sie auf den Befehl Schließen.

KeyTips anzeigen und verwenden

Als Alternative zur Maus können die Register und Befehlsschaltflächen auch über die Tastatur aufgerufen werden. Nach dem Drücken der Taste Alt zeigt das Menüband zunächst die Tasten an, mit denen Sie die Register aufrufen.

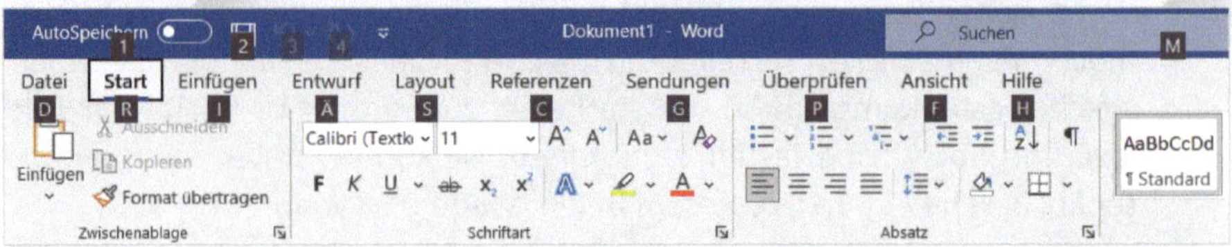

Nach dem Drücken einer Taste, beispielsweise R für das Register START, erscheinen die Tasten zu den Schaltflächen der Registerkarte. Drücken Sie beispielsweise die 3, um markierten Text zu unterstreichen, bzw. um ein Auswahlfeld mit den Möglichkeiten zur Unterstreichung zu öffnen. Mit dem Aufruf eines Befehls oder Drücken von Esc verschwindet die Tastenanzeige wieder.

Dokumente verwalten

Neues Dokument	Strg + N
Dokument öffnen	Strg + O
Dokument speichern	Strg + S
Dokument schließen, das Programm bleibt geöffnet	Strg + W / Strg + F4
Dokument drucken (Dialogfenster Drucken)	Strg + P
Anwendung beenden / Fenster schließen	Alt + F4
Fenster maximieren, bzw. Wiederherstellen der vorherigen Größe	Strg + F10

Allgemein

Kopieren des markierten Textes oder Objekts	Strg + C
Ausschneiden des markierten Textes oder Objekts	Strg + X
Einfügen aus Zwischenablage (Text oder Objekt)	Strg + V

Allgemein	
Markiertes Objekt, z. B. Grafiken oder Formen, duplizieren; dupliziertes Objekt wird sofort eingefügt; funktioniert nicht in Excel	Strg + D
Rückgängigmachen der letzten Aktion	Strg + Z
Wiederholen der letzten Aktion	Strg + Y
Markierte Auswahl fett formatieren	Strg + ⇧ + F
Markierte Auswahl kursiv formatieren	Strg + ⇧ + K
Markierte Auswahl unterstreichen	Strg + ⇧ + U
Einfügen Zeilenumbruch, kein Absatzende	⇧ + ↵
Wort links von der Einfügemarke löschen	Strg + ⇦
Wort rechts von der Einfügemarke löschen	Strg + Entf
Menüband erweitern bzw. minimieren	Strg + F1

Die Office-Zwischenablage anzeigen

Bei geöffneter Office-Zwischenablage können dort bis zu 24 Elemente gespeichert und in Word, Excel, PowerPoint etc. eingefügt werden. Schnell öffnen Sie die Zwischenablage, wenn Sie ein Wort markieren und zweimal Strg + C drücken. Falls das nicht klappt, müssen Sie die Funktionalität erst aktivieren. Öffnen Sie dazu im Register Start, Gruppe Zwischenablage durch Anklicken des Gruppensymbols den Aufgabenbereich Office-Zwischenablage. Hier klicken Sie unten auf Optionen und wählen Office-Zwischenablage anzeigen, wenn Strg + C zweimal gedrückt wurde.

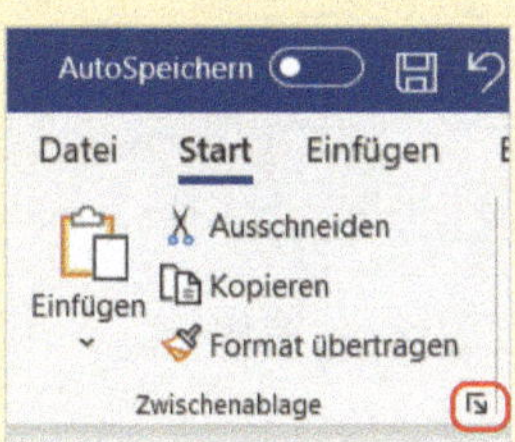

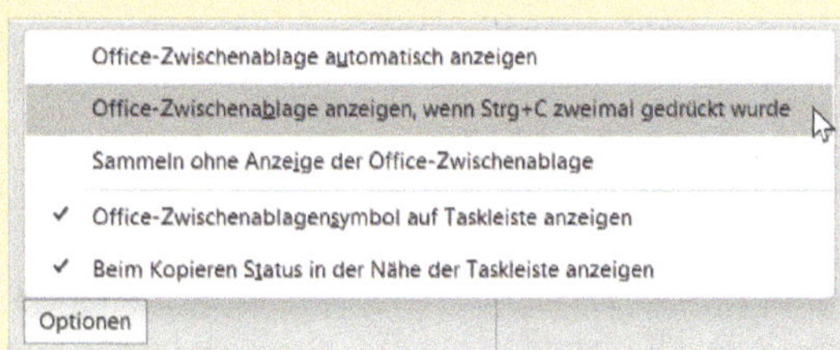

Suchen

Befehl Suchen im Navigationsbereich	Strg + F
Befehl Gehen zu im Dialogfeld Suchen und Ersetzen	Strg + G
Befehl Ersetzen im Dialogfeld Suchen und Ersetzen	Strg + H

Tipp: Doppelte Leerzeichen schnell entfernen
Öffnen Sie mit Strg + H das Dialogfeld Suchen und Ersetzen. Geben Sie dazu in das Feld Suchen nach: zwei Leerzeichen und in das Feld Ersetzen durch: ein Leerzeichen ein. Klicken Sie dann auf Alle ersetzen.

Positionieren und Navigieren im Dokument

Verschieben der Einfügemarke	Pfeiltasten ← → ↑ ↓
Ein Wort nach links / rechts	Strg + ← / Strg + →
Einen Absatz nach oben /unten	Strg + ↑ / Strg + ↓
An das Zeilenende / den Zeilenanfang	Ende / Pos 1
An den oberen Rand des Fensters	Alt + Strg + Bild ↑
An den unteren Rand des Fensters	Alt + Strg + Bild ↓
Eine Bildschirmseite aufwärts / abwärts (Bildlauf)	Bild ↑ / Bild ↓
An den Anfang der nächsten Seite	Strg + Bild ↓
An den Anfang der vorherigen Seite	Strg + Bild ↑
An das Ende des Dokuments	Strg + Ende
An den Anfang des Dokuments	Strg + Pos 1
Nach dem Öffnen eines Dokuments zur zuletzt bearbeiteten Stelle navigieren; Verwendung direkt nach dem Öffnen	⇧ + F5

Neues Dokument öffnen	Strg + N
Dokument öffnen	Strg + O
Speichern	Strg + S
Drucken	Strg + P
Suchen im Navigationsbereich	Strg + F
Gehen zu (Dialogfeld Suchen und Ersetzen)	Strg + G
Ersetzen (Dialogfeld Suchen und Ersetzen)	Strg + H

Markierte Auswahl fett formatieren	Strg + ⇧ + F
Markierte Auswahl kursiv formatieren	Strg + ⇧ + K
Markierte Auswahl unterstreichen	Strg + ⇧ + U
Drucken	Strg + P
Suchen im Navigationsbereich	Strg + F
Gehen zu (Dialogfeld Suchen und Ersetzen)	Strg + G
Ersetzen (Dialogfeld Suchen und Ersetzen)	Strg + H

3 Microsoft Word

Dokument

Öffnen eines Dokuments	Strg + O
Erstellen eines neuen Dokuments	Strg + N
Schließen des Dokuments	Strg + W
Speichern des Dokuments	Strg + S
Anzeigen des Dialogfeldes Speichern unter	F12
Drucken des Dokuments	Strg + P

Im Dokument navigieren

Verschieben der Einfügemarke	Pfeiltasten ← → ↑ ↓
Ein Zeichen nach links / rechts	← / →
Ein Wort nach links / rechts	Strg + ← / Strg + →
Einen Absatz nach oben / unten	Strg + ↑ / Strg + ↓
Eine Zeile nach oben / unten	↑ / ↓
An das Zeilenende / den Zeilenanfang	Ende / Pos 1
An den oberen Rand des Fensters	Alt + Strg + Bild ↑
An den unteren Rand des Fensters	Alt + Strg + Bild ↓
Eine Bildschirmseite aufwärts / abwärts (Bildlauf)	Bild ↑ / Bild ↓
An den Anfang der nächsten / vorherigen Seite	Strg + Bild ↓ / Bild ↑
An das Ende des Dokuments	Strg + Ende
An den Anfang des Dokuments	Strg + Pos 1
Cursor an die Position setzen, an der die letzte Änderung stattfand, bzw. nach dem Öffnen eines Dokuments zur zuletzt bearbeiteten Stelle navigieren	⇧ + F5

Markieren

Zeichenweise nach rechts / links markieren	⇧ + → / ←
Wortweise nach rechts / links	Strg + ⇧ + → / ←
Ab Cursor bis zum Beginn der Zeile	⇧ + Pos 1
Ab Cursor bis zum Ende der Zeile	⇧ + Ende
Ab Cursor bis zum Anfang des Absatzes	Strg + ⇧ + ↑
Ab Cursor bis zum Ende des Absatzes	Strg + ⇧ + ↓
Ab Cursor bis zum Anfang des Dokuments	Strg + ⇧ + Pos 1
Ab Cursor bis zum Ende des Dokuments	Strg + ⇧ + Ende
Gesamtes Dokument	Strg + A
Markieren im Erweiterungsmodus	
Erweiterungsmodus aktivieren Klicken Sie im Erweiterungsmodus auf eine Stelle im Dokument, um die aktuelle Markierung bis zu dieser Stelle zu erweitern.	F8
Erweiterungsmodus deaktivieren	Esc
Wort markieren	F8 (einmal)
Satz markieren	F8 (zweimal)
Absatz markieren	F8 (dreimal)
Alles markieren	F8 (viermal)
Nächstes Wort	Strg + →
Einen Absatz nach unten / oben	Strg + ↓ / ↑
Eine Bildschirmseite nach unten / oben	Strg + Bild ↓ / Bild ↑
Bis zum Ende des Fensters	Alt + Strg + ⇧ + Bild ↓

Markieren

Verkleinern der markierten Auswahl (schrittweise)	⇧ + F8
Vertikalen Textblock markieren	Strg + ⇧ + F8, dann Pfeiltasten verwenden

Kopieren, Aktion zurücknehmen und löschen

Kopieren des markierten Textes oder Objekts	Strg + C
Ausschneiden des markierten Textes oder Objekts	Strg + X
Einfügen aus Zwischenablage (Text oder Objekt)	Strg + V
Markiertes Objekt, z. B. Grafiken und Formen, duplizieren; dupliziertes Objekt wird sofort eingefügt	Strg + D
Rückgängigmachen der letzten Aktion	Strg + Z
Wiederholen der letzten Aktion	Strg + Y
Zeichen links / rechts vom Cursor löschen	⇦ / Entf
Wort links vom Cursor löschen	Strg + ⇦
Wort rechts vom Cursor löschen	Strg + Entf

Schriftformatierung

Öffnen des Dialogfelds Schriftart	Strg + D oder Strg + ⇧ + A
Vergrößern des Schriftgrads um 1 Punkt	Strg + 9
Verkleinern des Schriftgrads um 1 Punkt	Strg + 8
Vergrößern des Schriftgrads	Strg + ⇧ + <

Schriftformatierung

Verkleinern des Schriftgrads	Strg + <
Groß-/Kleinschreibung ändern (mehrere Varianten möglich durch mehrmaliges Verwenden der Kombination)	⇧ + F3
Als Großbuchstaben formatieren (alle Buchstaben im markierten Bereich werden zu Großbuchstaben)	Strg + ⇧ + G
Kapitälchen	Strg + ⇧ + Q
Zuweisen der Formatierung Fett	Strg + ⇧ + F
Zuweisen der Formatierung Kursiv	Strg + ⇧ + K
Zuweisen der Formatierung Unterstrichen	Strg + ⇧ + U
Unterstreichen nur von Wörtern (keine Leerzeichen)	Strg + ⇧ + W
Doppelt unterstreichen (auch Leerzeichen werden unterstrichen)	Strg + ⇧ + D
Zuweisen der Formatierung Ausgeblendet	Strg + ⇧ + H
Tiefgestellt (automatischer Abstand)	Strg + #
Hochgestellt (automatischer Abstand)	Strg + +
Für den markierten Text die Schriftart Symbol festlegen	Strg + ⇧ + B
Formatierung löschen	Strg + [ ]
Formatvorlage Standard zuweisen	Strg + ⇧ + N
Textformatierung kopieren (Format übertragen)	Strg + ⇧ + C
Kopiertes Format dem markierten Text zuweisen	Strg + ⇧ + V

Zum Einfügen eines kopierten oder ausgeschnittenen Textes ohne Formatierung gibt es leider keine Tastenkombination. Sie können aber einen KeyTip verwenden: Alt + R + V + T

Absatzformatierung

Einfacher Zeilenabstand	Strg + 1
Doppelter Zeilenabstand	Strg + 2
1,5-facher Zeilenabstand	Strg + 5
Hinzufügen / Entfernen eines Abstands von 12 pt	Strg + 0 (Null)
Linksbündig ausrichten	Strg + L
Rechtsbündig ausrichten	Strg + R
Im Blocksatz ausrichten	Strg + B
Zentriert ausrichten	Strg + E
Aufzählungszeichen einfügen	Strg + ⇧ + L
Linken Einzug vergrößern (jeweils 1,25 cm)	Strg + M
Linken Einzug verkleinern (jeweils 1,25 cm)	Strg + ⇧ + M
Hängenden Einzug vergrößern	Strg + T
Hängenden Einzug verkleinern	Strg + ⇧ + T
Alle Absatzformatierungen entfernen	Strg + Q
Überschriften, die mit den Formatvorlagen Überschrift 1 bis Überschrift 9 formatiert sind, können höher bzw. niedriger gestuft werden	Alt + ⇧ + ← (höher) Alt + ⇧ + → (niedriger)
Ausgewählten Absatz nach oben / unten bewegen	Alt + ⇧ + ↑ / ↓
Überarbeiten der Textformatierung (Aufgabenbereich Formatierung anzeigen öffnen)	⇧ + F1

Manchmal benötigen Sie einen Text als Platzhalter oder um ein Design oder Format zu testen. Sie können dafür einen sogenannten Blindtext schnell in Word generieren.

Setzen Sie den Cursor an die Stelle, an der der Text eingefügt werden soll. Tippen Sie dann =rand() ein und betätigen Sie [↵]. Es wird sofort ein Fülltext in deutscher Sprache eingefügt. Dieser ist halbwegs sinnvoll und besteht aus Wörtern und Sätzen mit durchschnittlicher Länge.

Sie können die Gesamtlänge des Texts steuern, indem Sie Zahlenwerte (mit Komma getrennt) innerhalb der Klammern eingeben. Tippen Sie etwa =rand(3,5) ein, so ergibt das einen Text mit drei Absätzen zu je fünf Zeilen. Die erste Zahl steht also für die gewünschte Anzahl an Absätzen, die zweite dafür, wie viele Zeilen jeder Absatz umfassen soll.

Wer den klassischen Blindtext „Lorem ipsum" erzeugen möchte, tippt =lorem() ein und bestätigt mit [↵]. Auch hier kann die Anzahl der Absätze und die der Zeilen festgelegt werden, also z. B. =lorem(1,2) für einen Text mit einem Absatz, der zwei Zeilen umfasst. Der „Lorem ipsum"-Text klingt wie Latein, besteht jedoch aus sinnlosen Wörtern.

Allgemein

Einfügen Absatzende	[↵]
Einfügen Zeilenumbruch, kein Absatzende	[⇧] + [↵]
Einfügen Seitenumbruch	[Strg] + [↵]
Einfügen Spaltenumbruch	[Strg] + [⇧] + [↵]
Ein- bzw. Ausblenden druckbarer Zeichen; Achtung: Verwenden Sie nicht das Plus auf dem Ziffernblock	[Strg] + [⇧] + [+]
Einfügen Datum; aktualisiert automatisch	[Alt] + [⇧] + [D]
Einfügen Seitenzahl	[Alt] + [⇧] + [P]
Einfügen eines Tabstoppzeichens; nützlich in Tabellen	[Strg] + [↹]
Einfügen eines Hyperlinks (Dialogfenster Link einfügen wird geöffnet)	[Strg] + [K]
Einfügen eines Seriendruckfeldes	[Alt] + [⇧] + [F]

Allgemein

Schnellbaustein erstellen (Dialogfenster Neuen Baustein erstellen wird geöffnet); Text bzw. Objekt müssen vorher markiert werden	Alt + F3
Navigationsbereich anzeigen	Strg + F
Rechtschreibprüfung starten	F7
Wörter zählen	Strg + ⇧ + I

Verschiedene Seitenansichten

Wechseln zur Ansicht Seitenlayout	Alt + Strg + L
Wechseln zur Gliederungsansicht	Alt + Strg + G
Wechseln zur Entwurfsansicht	Alt + Strg + N
Wechseln zur Druckvorschau	Alt + Strg + I
Teilen des Dokumentfensters bzw. Teilung aufheben	Alt + Strg + S

Tabelle

Wechsel zur nächsten / vorherigen Zelle in Zeile	⇥ / ⇧ + ⇥
Erweitern der Markierung auf angrenzende Zellen	⇧ gedrückt halten und wiederholt Pfeiltasten drücken
Nächste / vorherige Zeile	↓ / ↑
Erste / letzte Zelle in Zeile	Alt + Pos 1 / Ende
Erste Zelle in Spalte	Alt + Bild ↑
Letzte Zelle in Spalte	Alt + Bild ↓

Tabelle

Zeile oberhalb / unterhalb markieren	Alt + ⇧ + ↑ / ↓
Neuer Absatz in Zelle	↵
Teilen der Tabelle	Strg + ⇧ + ↵
Wenn der Cursor am Ende der Tabelle ist (letzte Zelle in letzter Spalte): Einfügen einer neuen Zeile	⭾
Markieren der gesamten Tabelle	Alt + 5 (Ziffernblock)

Tabstopps in eine Tabelle einfügen
Mit der Tab-Taste springen Sie innerhalb einer Tabelle von Zelle zu Zelle bzw. Sie fügen eine neue Zeile am Ende der Tabelle hinzu. Zum Erstellen eines einheitlichen Abstands in einer Tabellenzelle kann jetzt die Tab-Taste nicht verwendet werden. Hier hilft die Tastenkombination Strg + ⭾.

Zeichen und Symbole

Gedankenstrich	Strg + - Minus auf dem Ziffernblock
Geviertstrich	Alt + Strg + - Minus auf dem Ziffernblock
Bedingter Trennstrich	Strg + (Bindestrich)
Geschützter Trennstrich	Strg + ⇧ + (Bindestrich)
Geschütztes Leerzeichen	Strg + ⇧ + Leertaste
Copyright-Symbol	Alt + Strg + C
Symbol für eingetragene Marke	Alt + Strg + R
Markensymbol	Alt + Strg + T
Auslassungspunkte	Alt + Strg + . Punkt

Zeichen und Symbole

Einzelnes öffnendes Anführungszeichen (Beginn eines Worts)	⇧ + ´ Apostroph
Einzelnes schließendes Anführungszeichen (Ende eines Worts)	⇧ + ´ Apostroph

Weitere Tastenkombinationen für Symbole

Symbole werden in Word im Register Einfügen, Gruppe Symbole über die Schaltfläche Symbol eingefügt. Über Weitere Symbole gelangen Sie zur Gesamtübersicht. Wenn Sie ein Symbol oder einen Buchstaben oft benötigen, verwenden Sie die angegebene Tastenkombination, z. B. für ¼ die Kombination Alt + 0188. Dabei tippen Sie die Zahlen auf dem Ziffernblock nacheinander ein, während Sie Alt gedrückt halten.

Wem dies zu umständlich ist, legt durch Anklicken der Schaltfläche Tastenkombination... eine eigene fest. Im Fenster Tastatur anpassen drücken Sie dabei im Eingabefeld Neue Tastenkombination die Tasten so, wie Sie es bei einer Kombination normalerweise machen würden, also etwa Strg und M gleichzeitig.

Falls die von Ihnen gewählte Tastenkombination bereits verwendet wird, wird das bei Derzeit zugewiesen an: angezeigt. Damit Sie sich die von Ihnen erstellten Shortcuts besser merken können, können Sie diese auf den leeren Karteikarten am Ende des Buchs notieren.

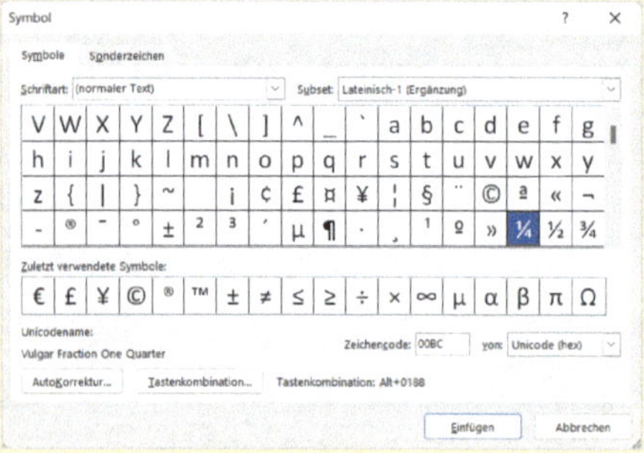

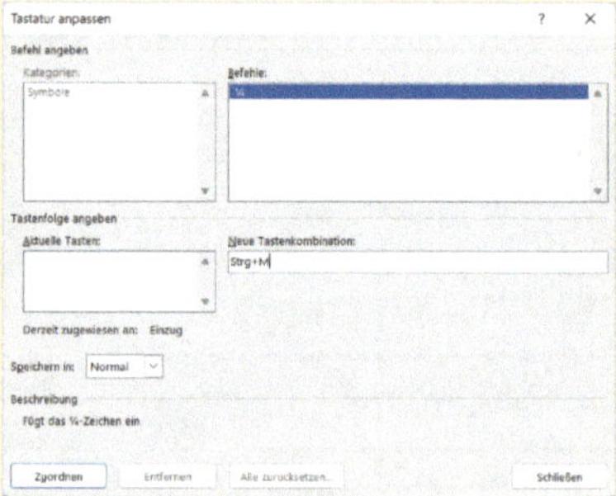

Formatvorlage zuweisen

Öffnen des Fensters Formatvorlagen	Alt + Strg + ⇧ + S
Öffnen des Fensters Formatvorlage übernehmen	Strg + ⇧ + S
Formatvorlage Standard zuweisen	Strg + ⇧ + N
Formatvorlage Überschrift 1 zuweisen	Alt + 1 (n. Z.)
Formatvorlage Überschrift 2 zuweisen	Alt + 2 (n. Z.)
Formatvorlage Überschrift 3 zuweisen	Alt + 3 (n. Z.)

Inhaltsverzeichnis, Fußnoten und Kopfzeilen

Dialogfenster Eintrag für Inhaltsverzeichnis festlegen öffnen	Alt + ⇧ + O
Dialogfenster Zitat markieren öffnen	Alt + ⇧ + I
Dialogfenster Indexeintrag festlegen öffnen	Alt + ⇧ + X
Einfügen einer Fußnote	Alt + Strg + F
Einfügen einer Endnote	Alt + Strg + D
Kopf- oder Fußzeile wieder mit der Kopf- oder Fußzeile des vorherigen Abschnitts verknüpfen	Alt + ⇧ + Z

In der Gliederungsansicht arbeiten

Wechseln zur Gliederungsansicht	Alt + Strg + G
Einblenden von Text unter der Überschrift	Alt + ⇧ + +
Ausblenden von Text unter der Überschrift	Alt + ⇧ + -
Ein- / Ausblenden des Texts oder der Überschriften	Alt + ⇧ + A
Anzeigen aller Überschriften mit Formatvorlage Überschrift ? (? steht für die Nummer der Formatvorlage)	Alt + ⇧ + ?

Suchen und Ersetzen

Öffnen des Aufgabenbereichs Navigation (zum Suchen im Dokument)	Strg + F
Ersetzen im Dialogfenster Suchen und Ersetzen öffnen	Strg + H
Gehe zu im Dialogfenster Suchen und Ersetzen öffnen (Seite, Fußnote, Textmarke, Kommentar, Grafik, Tabelle etc. suchen)	Strg + G
Wiederholen des Suchvorgangs	Alt + Strg + Y
Wiederholen von Suchen oder Gehe zu	⇧ + F4

Überprüfen

Kommentar einfügen	Strg + Alt + K
Nachverfolgung aktivieren / deaktivieren	Strg + ⇧ + E
Auswählen nächstes Feld	F11
Auswählen vorheriges Feld	⇧ + F11
Öffnen des Dialogfeldes Wörter zählen	Strg + ⇧ + I

Arbeiten mit Feldern

Das aktuelle bzw. markierte Feld aktualisieren	F9
Umschalten zwischen der Anzeige der Feldfunktion und dem Feldergebnis (alle Felder)	Alt + F9
Umschalten zwischen der Anzeige der Feldfunktion und dem Feldergebnis (aktuelles Feld)	⇧ + F9
Feld einfügen (nur die geschweiften Klammern)	Strg + F9

Arbeiten mit Feldern

Feldfunktion durch das Ergebnis ersetzen. Das Feld wird in normalen Text umgewandelt.	⇧ + Strg + F9
Feld sperren, keine Aktualisierung möglich	Strg + F11
Sperre wieder aufheben	⇧ + Strg + F11

Übersicht Funktionstasten

Öffnen der Word-Hilfe	F1
Einmaliges Verschieben von Text oder Grafik (z. B. ein Wort markieren, F2 drücken, Cursor an gewünschte Stelle setzen, ↵ drücken. Das ursprünglich markierte Wort wird dann dorthin kopiert.)	F2
Wiederholen des vorhergehenden Vorgangs	F4
Auswählen des Befehls Gehe zu	F5
KeyTips anzeigen	F6
Rechtschreibprüfung	F7
Erweitern der Markierung	F8
Aktualisieren der ausgewählten Felder	F9
Anzeigen der Zugriffstasteninfos im Menüband	F10
Wechseln zum nächsten Feld	F11
Befehl Speichern unter	F12

Kombinationen von Alt + Funktionstaste

Wechseln zum nächsten Feld	Alt + F1
Schließen von Word	Alt + F4
Ursprüngliche Größe des Programmfensters wiederherstellen	Alt + F5
Zurückwechseln von einem Dialogfeld zum Dokument (nicht alle Dialogfelder lassen dies zu)	Alt + F6
Suche nach dem nächsten Grammatik- oder Rechtschreibfehler	Alt + F7
Ausführen eines Makros (Dialogfeld Makros öffnen)	Alt + F8
Wechsel zwischen der Anzeige von Feldfunktion und dem Ergebnis im Dokument	Alt + F9
Aufgabenbereich Auswahl anzeigen	Alt + F10
Öffnen des Visual Basic Editor	Alt + F11

Kombinationen von Strg + Funktionstaste

Menüband ein-/ausblenden	Strg + F1
Menü Drucken öffnen	Strg + F2
Ausschneiden einer Sammlung ohne Zwischenablage	Strg + F3
Schließen eines Fensters	Strg + F4
Wechseln zum nächsten Fenster	Strg + F6
Einfügen eines Feldes (leer)	Strg + F9
Wiederherstellen / Maximieren eines Fensters	Strg + F10
Sperre des Feldes	Strg + F11
Befehl Öffnen	Strg + F12

Kombinationen von Umschalt + Funktionstaste

Menü Formatierung anzeigen	⇧ + F1
Kopieren eines Texts (Text markieren, ⇧ + F2 drücken, Cursor an Ziel positionieren, ↵ drücken. Der Text wird an der Cursorposition eingefügt.)	⇧ + F2
Änderung der Groß- und Kleinschreibung von Buchstaben	⇧ + F3
Wiederholung der Befehle Suchen oder Gehe zu (nur anwendbar nach bereits erfolgter Suche)	⇧ + F4
Anzeigen der letzten Änderung	⇧ + F5
Anzeige von Recherche mit dem Thesaurus	⇧ + F7
Verkleinern der Auswahl	⇧ + F8
Wechsel zwischen Anzeige der Feldfunktion und dessen Ergebnis	⇧ + F9
Kontextmenü	⇧ + F10
Wechsel zum vorherigen Feld	⇧ + F11
Befehl Speichern	⇧ + F12

Kombinationen Alt + Umschalt + Funktionstaste

Vorheriges Feld	Alt + ⇧ + F1
Befehl Speichern	Alt + ⇧ + F2
Aufgabenbereich Übersetzer öffnen	Alt + ⇧ + F7
Anzeigen eines Menüs oder Meldung für eine verfügbare Aktion	Alt + ⇧ + F10

Notizen

4 Microsoft Excel

Allgemein

Kopieren des markierten Textes oder Objekts	Strg + C
Ausschneiden des markierten Textes oder Objekts	Strg + X
Einfügen aus Zwischenablage (Text oder Objekt)	Strg + V
Rückgängigmachen der letzten Aktion	Strg + Z
Wiederholen der letzten Aktion	Strg + Y
Auswahl aus Menü	↓ / ↑
Auswahl übernehmen	↵
Eine Bildschirmseite nach oben bzw. unten	Bild ↑ bzw. Bild ↓
Eine Bildschirmseite nach rechts bzw. links	Alt + Bild ↓ bzw. Bild ↑
Wechsel zwischen deutschem und US-Tastaturlayout (nur wenn die Sprache installiert wurde)	Alt + ⇧
Wiederholen des letzten Arbeitsschrittes (Nicht bei Formeleingabe und -bearbeitung!)	F4
Wechsel zwischen Arbeitsblatt, Menüband, Aufgabenbereich und Statusleiste	F6
Wechsel zwischen Arbeitsblatt, Menüband, Aufgabenbereich und Statusleiste (in umgekehrter Reihenfolge)	Alt + F6
Erweitern oder Reduzieren des Menübands	Strg + F1
Kontextmenü zur markierten Zelle anzeigen	⇧ + F10
Menü des aktuellen Kombinationsfeldes öffnen (statt Klick auf Dropdown-Pfeil)	Alt + ↓

Arbeitsmappen verwalten

Neue Arbeitsmappe	Strg + N
Arbeitsmappe öffnen	Strg + O

Arbeitsmappen verwalten

Arbeitsmappe speichern	Strg + S
Arbeitsmappe schließen	Strg + W oder Strg + F4
Dokument drucken (Dialogfenster Drucken)	Strg + P
Anwendung beenden / Fenster schließen	Alt + F4
Fenster maximieren bzw. Wiederherstellen der vorherigen Größe	Strg + F10

Daten eingeben

Eingabe in Zelle abschließen und Zelle unterhalb markieren	↵
Eingabe in Zelle abschließen und Zelle oberhalb markieren	⇧ + ↵
Eingabe in Zelle abschließen und Zelle rechts markieren	↹
Eingabe in Zelle abschließen und Zelle links markieren	⇧ + ↹
Eingabe in Zelle abbrechen	Esc
Eingabe in den gesamten markierten Zellbereich übernehmen (Achtung - zuvor markieren!)	Strg + ↵
Markierte Zelle bearbeiten (Bearbeitenmodus: Cursor erscheint in der Zelle)	F2
Im Bearbeitenmodus: Cursor an den Anfang	Pos 1
Im Bearbeitenmodus: Cursor an das Ende	Ende
Löschen eines Zeichens links vom Cursor oder des gesamten Zelleninhaltes (wenn markiert)	⇦
Löschen eines Zeichens rechts vom Cursor oder des gesamten Zelleninhaltes (wenn markiert)	Entf
Löschen von Zeichen (zwischen Cursor bis zum Ende des Eintrags)	Strg + Entf

Daten eingeben

Neue Zeile in Zelle beginnen	Alt + ↵
Aktuelles Datum einfügen	Strg + .
Aktuelle Uhrzeit einfügen	Strg + ⇧ + .
Hyperlink einfügen (öffnet Dialogfenster Link einfügen)	Strg + K
Zellinhalt aus der darüber liegenden Zelle kopieren	Strg + ⇧ + ,
Unten ausfüllen (Format und Inhalt der ersten Zelle des markierten Bereichs in die darunterliegenden Zellen kopieren)	Strg + U
Rechts ausfüllen (Format und Inhalt der ersten Zelle des markierten Bereichs in die angrenzenden Zellen rechts kopieren)	Strg + R
¼ eingeben	Alt + 0188 (Ziffernblock)[1]
½ eingeben	Alt + 0189 (Ziffernblock)[1]
¾ eingeben	Alt + 0190 (Ziffernblock)[1]
± eingeben	Alt + 0177 (Ziffernblock)[1]
Ø eingeben	Alt + 0216 (Ziffernblock)[1]
€ eingeben	Alt + 0128 (Ziffernblock)[1]
£ eingeben	Alt + 0163 (Ziffernblock)[1]
¥ eingeben	Alt + 0165 (Ziffernblock)[1]
Dialogfenster Rechtschreibung öffnen	F7
Dialogfenster Zellen formatieren öffnen	Strg + 1 (n. Z.)
Dialogfenster Zellen einfügen öffnen	Strg + +
Dialogfenster Löschen öffnen	Strg + -

[1] Alt gedrückt lassen, Zahlen nacheinander im Ziffernblock eingeben.

Tipp: Das aktuelle Datum wird häufig benötigt. Sie fügen es mit [Strg] + [.] schnell in die markierte Zelle ein. Dieses Datum wird im Gegensatz zur Funktion HEUTE() nicht aktualisiert!

Navigieren im Tabellenblatt

Navigieren zum jeweiligen Rand des Datenbereichs	[Strg] + Pfeiltaste
Durchführung eines Bildlaufs, um aktive Zelle anzuzeigen	[Strg] + [⇐]
Nach der Eingabe Zelle unterhalb markieren	[↵]
Nach der Eingabe Zelle rechts markieren	[↹]
Nächste Zelle rechts / links markieren	[→] / [←]
Nächste Zelle oben / unten markieren	[↑] / [↓]
Markierung nach rechts / links erweitern	[⇧] + [→] / [⇧] + [←]
Markierung nach oben / unten erweitern	[⇧] + [↑] / [⇧] + [↓]
Erste Zelle in Zeile markieren	[Pos 1]
Erste Zelle im Arbeitsblatt (A1) markieren	[Strg] + [Pos 1]
Letzte Zelle (in zusammenhängendem Tabellenbereich) markieren	[Strg] + [Ende]
Zellen einfügen (Dialogfenster) anzeigen	[Strg] + [+]
Zellen löschen (Dialogfenster) anzeigen	[Strg] + [-]
Neues Arbeitsblatt einfügen	[⇧] + [F11]
Zum nächsten / vorherigen Arbeitsblatt	[Strg] + [Bild ↓] / [Strg] + [Bild ↑]
Auswahl aktives und nächstes Arbeitsblatt	[⇧] + [Strg] + [Bild ↓]
Auswahl aktives und vorheriges Arbeitsblatt	[⇧] + [Strg] + [Bild ↑]
Das Dialogfenster Gehe zu öffnen	[F5]

Navigieren im Tabellenblatt

Suchen im Dialogfenster Suchen und Ersetzen öffnen	[Strg] + [F]
Ersetzen im Dialogfenster Suchen und Ersetzen öffnen	[Strg] + [H]
Weitersuchen (ohne Dialogfenster Suchen und Ersetzen)	[F4]
Aktuelle Spalte ausblenden	[Strg] + [8] (n. Z.)
Aktuelle Spalte einblenden	[Strg] + [⇧] + [8]
Aktuelle Zeile ausblenden	[Strg] + [9] (n. Z.)
Aktuelle Zeile einblenden	[Strg] + [⇧] + [9]
Kontextmenü zur markierten Zelle anzeigen	[⇧] + [F10]

Markieren

Erste Zelle in Zeile markieren	[Pos 1]
Gesamtes Arbeitsblatt markieren (Wenn eine Zelle innerhalb eines Tabellenbereichs markiert ist, dann zweimal [Strg] + [A].)	[Strg] + [A]
Aktuelle Spalte des Tabellenblattes markieren	[Strg] + [ ]
Aktuelle Zeile des Tabellenblattes markieren	[⇧] + [ ]
Wenn mehrere Zellen markiert sind: Auswählen der aktiven (ersten) Zelle	[⇧] + [⇦]
Aus- und Einblenden von Objekten	[Strg] + [6] (n. Z.)
Auswählen aller Objekte eines Blattes (wenn ein Objekt markiert ist)	[Strg] + [⇧] + [ ]
Aktivieren/Deaktivieren des Erweiterungsmodus	[F8]
Im Erweiterungsmodus: erweitern um eine Zelle	[⇧] + Pfeiltaste
Im Erweiterungsmodus: erweitern bis zum Anfang der Zeile (Spalte A)	[⇧] + [Pos 1]

Markieren

Im Erweiterungsmodus: erweitern bis zum Anfang des Arbeitsblattes (Zelle A1)	Strg + ⇧ + Pos 1
Im Erweiterungsmodus: erweitern bis zur letzten nicht leeren Zelle in der gleichen Spalte/Zeile wie die aktive Zelle	Strg + ⇧ + Pfeiltaste
Im Erweiterungsmodus: erweitern bis zur untersten rechten Zelle im Fenster	Rollen + ⇧ + Ende
Im Erweiterungsmodus: erweitern bis zur obersten linken Zelle im Fenster	Rollen + ⇧ + Pos 1
Im Erweiterungsmodus: erweitern um eine Bildschirmseite nach oben bzw. unten	⇧ + Bild ↑ bzw. Bild ↓
Im Erweiterungsmodus: erweitern bis zur letzten verwendeten Zelle des Arbeitsblattes	Strg + ⇧ + Ende
Im Erweiterungsmodus: erweitern bis zur letzten Zelle in der aktuellen Zeile	Ende

Tipp: Ob Sie sich im Erweiterungsmodus befinden, erkennen Sie am Text Auswahl erweitern links unten, unterhalb der Blattregister.

Zusammenhängende Tabellenbereiche

Die markierte Zelle befindet sich innerhalb eines zusammenhängenden Tabellenbereichs!

Tabelle (Liste) erstellen	Strg + T
Erste / letzte Zelle in Zeile	Strg + ← / →
Erste / letzte Zelle in Spalte	Strg + ↑ / ↓
Erste / letzte Zelle in Tabelle	Strg + Pos 1 / Ende
Zeile markieren (ab Markierung bis zur ersten / letzten nicht leeren Zelle)	Strg + ⇧ + ← / →
Spalte markieren (ab Markierung bis zur ersten / letzten nicht leeren Zelle)	Strg + ⇧ + ↑ / ↓

Zusammenhängende Tabellenbereiche

Die markierte Zelle befindet sich innerhalb eines zusammenhängenden Tabellenbereichs!

Gesamte Tabelle markieren	Strg + ⇧ + + (n. Z.)
AutoFilter ein- und ausschalten	Strg + ⇧ + L
[1] Endmodus aktivieren / deaktivieren	Ende
Endmodus: erste / letzte nicht leere Zelle in Spalte auswählen	↑ / ↓
Endmodus: erste / letzte nicht leere Zelle in Zeile auswählen	← / →
Endmodus: Spalte ab Markierung bis zur ersten / letzten nicht leeren Zelle markieren	⇧ + ↑ / ↓
Endmodus: Zeile ab Markierung bis zur ersten / letzten nicht leeren Zelle markieren	⇧ + ← / →
[2] Ein-/Ausschalten des Rollenmodus	Rollen
Im Rollenmodus: Fensterausschnitt ein Stück nach oben bzw. unten bewegen	↑ bzw. ↓
Im Rollenmodus: Fensterausschnitt ein Stück nach links bzw. rechts bewegen	← bzw. →

[1] Ob Sie sich im Endmodus befinden, erkennen Sie am Text Modus beenden oder Endmodus links unten, unterhalb der Blattregister.

[2] Ob Sie sich im Rollenmodus befinden, erkennen Sie am Text Rollen links unten, unterhalb der Blattregister. Rollen ist auf Notebook-Tastaturen manchmal als ScrLk gekennzeichnet.

Zellen mit bestimmten Eigenschaften auswählen

Die folgenden Tastenkombinationen funktionieren nur in Verbindung mit der Zahlenreihe, nicht aber mit dem Ziffernblock!

Markieren der Matrix mit der aktiven Zelle	Strg + ⇧ + 7
Markieren aller Zellen, auf die in der aktuellen Formel verwiesen wird	Alt + ⇧ + 4
Markieren aller Zellen, auf die in der aktuellen Formel direkt oder indirekt (Formel) verwiesen wird	Alt + ⇧ + 7
Markieren aller Zellen, deren Formel direkt oder indirekt auf die aktuelle Zelle verweist	Alt + ⇧ + 6
Markieren aller Zellen, deren Formel auf die aktuelle Zelle direkt verweist	Alt + ⇧ + 5
In markierten Zeile: Auswahl der Zelle(n), deren Inhalt nicht dem Wert der aktiven Zelle dieser Zeile entspricht	Alt + ⇧ + 8
In markierten Spalte: Auswahl der Zelle(n), deren Inhalt nicht dem Wert der aktiven Zelle dieser Spalte entspricht	Alt + ⇧ + 9
Markieren aller Zellen mit Kommentaren	Strg + ⇧ + O (Buchstabe O, nicht Null)

Zellinhalte verschieben und kopieren

Kopieren / Ausschneiden des markierten Textes oder Objekts	Strg + C / Strg + X
Einfügen aus Zwischenablage (Text oder Objekt)	Strg + V
Rückgängigmachen der letzten Aktion	Strg + Z
Wiederholen der letzten Aktion	Strg + Y
Beim Einfügen aus der Zwischenablage das Dialogfenster Inhalte einfügen öffnen	Strg + Alt + V

Tipp: Wenn Sie zweimal nacheinander die Tastenkombination Strg + C drücken, wird die Office-Zwischenablage geöffnet. Da diese Möglichkeit nicht standardmäßig besteht, müssen Sie sie zuerst aktivieren:

Öffnen Sie die Office-Zwischenablage und klicken Sie auf die Schaltfläche Optionen. Aktivieren Sie Office Zwischenablage anzeigen, wenn Strg + C zweimal gedrückt wurde (Häkchen).

Zellen formatieren

Dialogfenster Zellen formatieren öffnen	Strg + 1 (n. Z.)
Mit zwei Dezimalstellen formatieren (einschl. Tausenderzeichen)	Strg + ⇧ + 1 (n. Z.)
Währungsformat zuweisen	Strg + ⇧ + 4 (n. Z.)
Prozentformat (ohne Dezimalstellen)	Strg + ⇧ + 5 (n. Z.)
Exponentialschreibweise	Strg + ⇧ + 2 (n. Z.)
Standardzahlenformat	Strg + ⇧ + 6 (n. Z.)
Zahl als Datum formatieren	Strg + #
Zahl mit Datum und Uhrzeit formatieren	Strg + ^
Fett	Strg + ⇧ + F
Kursiv	Strg + ⇧ + K
Unterstrichen	Strg + ⇧ + U
Durchgestrichen	Strg + 5 (n. Z.)
Äußere Rahmenlinie um markierten Bereich	Strg + ⇧ + - (Bindestrich)
Alle Rahmenlinien des markierten Bereichs löschen	Strg + ⇧ + <
Neuen Kommentar einfügen bzw. Kommentar bearbeiten	⇧ + F2

Formeln und Formeleingabe

Beginn einer Formel kennzeichnen	⇧ + 0 (Null) (entspricht dem Gleichheitszeichen)
Dialogfenster Funktion einfügen öffnen	⇧ + F3
Formeleingabe abbrechen	Esc
Abschließen der Eingabe einer Formel als Matrixformel im markierten Bereich	Strg + ⇧ + ↵
Zwischen relativen, festen (absoluten) und gemischten Zellbezügen wechseln (Cursor befindet sich in der Formel unmittelbar in oder nach einem Zellbezug)	F4
Auto-Summenformel eingeben (SUMME-Funktion)	Alt + ⇧ + 0 (Null)
Kopieren eines Wertes aus der Zelle über der aktiven Zelle	Strg + ⇧ + ,
Kopieren einer Formel aus der Zelle über der aktiven Zelle	Strg + ,
Namen für Formel, Zelle oder markierten Bereich eingeben (Namens-Manager wird geöffnet)	Strg + F3
Bereichsnamen aus markierten Beschriftungen übernehmen (öffnet das Dialogfenster Namen aus Auswahl erstellen)	Strg + ⇧ + F3
Öffnet das Fenster Funktionsargumente (Cursor befindet sich in der Formel unmittelbar hinter dem Funktionsnamen)	Strg + A
Nach Eingabe des Funktionsnamens Klammern und Funktionsargumente einfügen (Cursor befindet sich in der Formel unmittelbar hinter dem Funktionsnamen)	Strg + ⇧ + A
Formeln anstelle der Ergebnisse im Tabellenblatt anzeigen	Strg + ⇧ + ´ (Akzentzeichen in der Ziffernreihe, nicht Apostroph)
Neu berechnen (gesamte Arbeitsmappe)	F9
Neu berechnen (aktuelles Arbeitsblatt)	⇧ + F9

Diagramme

Diagramm mit den Daten des markierten Bereichs im Tabellenblatt einfügen	Alt + F1
Diagramm mit den Daten des markierten Bereichs in einem gesonderten Tabellenblatt einfügen	F11
Auswählen des vorherigen bzw. nächsten Diagrammelements	← bzw. →
Auswählen der vorherigen bzw. nächsten Elementgruppe im Diagramm	↓ bzw. ↑

Sonstige / VBA

Pivot-Tabelle/Verknüpfung aktualisieren	Alt + F5
Tabellenbereich gruppieren (Dialogfenster Gruppieren)	Alt + ⇧ + →
Gruppierung aufheben (Dialogfenster Gruppierung aufheben)	Alt + ⇧ + ←
Gliederung ein- und ausblenden	Strg + 7
Dialogfenster Makro öffnen	Alt + F8
VBA-Editor öffnen bzw. zwischen VBA-Editor und Excel-Arbeitsmappe wechseln	Alt + F11
Schrittweise Ausführung (VBA-Editor)	F8
Haltepunkt ein/aus (VBA-Editor)	F9
Alle Haltepunkte löschen (VBA-Editor)	Strg + ⇧ + F9
Aktuellen Wert anzeigen (VBA-Editor)	⇧ + F9
Ausführen (VBA-Editor)	F5

5 Microsoft PowerPoint

Allgemein

Alles markieren	Strg + A
Kopieren	Strg + C
Ausschneiden	Strg + X
Einfügen	Strg + V
Format kopieren	Strg + ⇧ + C
Format einfügen	Strg + ⇧ + V
Nach Kopieren oder Ausschneiden Dialogfenster Inhalte einfügen aufrufen	Strg + Alt + V
Suchen	Strg + F
Ersetzen	Strg + H
Aktion rückgängig machen	Strg + Z
Aktion wiederholen bzw. wiederherstellen	Strg + Y
Präsentation drucken	Strg + P
Präsentation speichern	Strg + S
Präsentation speichern unter	F12
Kontextmenü anzeigen	⇧ + F10

Arbeitsoberfläche

PowerPoint-Hilfe aufrufen	F1
Zwischen den Bereichen der Arbeitsoberfläche wechseln	F6
In der Normalansicht: Wechsel zwischen den Fensterbereichen (gegen den Uhrzeigersinn)	⇧ + F6
Rechtschreibprüfung starten	F7

Arbeitsoberfläche	
Zwischen Normal- und Gliederungsansicht wechseln	Strg + ⇧ + ↹
Gitternetzlinien ein- bzw. ausblenden	⇧ + F9
Führungslinien ein- bzw. ausblenden	Alt + F9
Lineal ein- bzw. ausblenden	⇧ + Alt + F9
Makros anzeigen	Alt + F8

Präsentation erstellen	
Neue Präsentation erstellen	Strg + N
Neue Folie erstellen	Strg + M
Folie oder markiertes Objekt duplizieren	Strg + D
Dialogfenster Schriftart aufrufen	Strg + T Strg + ⇧ + A
Wechsel von Groß- und Kleinschreibung (Text markieren, der z. B. fälschlicherweise komplett in Großbuchstaben geschrieben wurde, und Tastenkombination verwenden, damit alle Buchstaben kleingeschrieben werden)	⇧ + F3
Schriftgrad vergrößern	Strg + ⇧ + .
Schriftgrad verkleinern	Strg + ⇧ + ,
Text linksbündig ausrichten	Strg + L
Text rechtsbündig ausrichten	Strg + R
Text zentriert ausrichten	Strg + E
Blocksatz	Strg + J
Text fett	Strg + ⇧ + F

Präsentation erstellen

Text kursiv	Strg + ⇧ + K
Text unterstrichen	Strg + U
Text tiefstellen bzw. hochstellen	Strg + + bzw. Strg + ⇧ + +
Alle Formatierungen löschen	Strg + Leertaste
Hyperlink einfügen (öffnet Dialogfenster Link einfügen)	Strg + K
Wechsel zum nächsten Titel oder Untertitel (Platzhalter)	Strg + ↵
Um ein Zeichen nach links bzw. rechts	← bzw. →
Um eine Zeile nach oben bzw. unten	↑ bzw. ↓
Wechseln zum Anfang bzw. Ende der Zeile	Pos 1 bzw. Ende
Ein Wort nach links bzw. rechts	Strg + ← bzw. →
Ein Absatz nach oben bzw. unten	Strg + ↑ bzw. ↓
Wechsel zum Anfang bzw. Ende des Textfeldes	Strg + Pos 1 bzw. Ende

Tipp: Wenn Sie schnell einen Aufzählungspunkt niedriger bzw. höher stufen möchten, verwenden Sie die Taste ↹ bzw. ⇧ + ↹. Wichtig ist, dass der Cursor zwischen Aufzählungszeichen und Text positioniert wird, bevor Sie die ↹-Taste drücken.

Tabelle

Wechsel zur nächsten bzw. vorherigen Zeile	↑ bzw. ↓
Wechsel zur nächsten bzw. vorherigen Zelle	↹ bzw. ⇧ + ↹
Neue Zeile am Ende einer Tabelle einfügen (Taste drücken, wenn die Zelle am Ende erreicht ist)	↹

Tabelle

Tabstopp in Zelle einfügen	Strg + Tab
Absatz in Zelle einfügen	↵

In der Gliederungsansicht arbeiten

Die Gliederungsansicht wird über das Register Ansicht, Gruppe Präsentationsansichten aufgerufen.

Verschieben markierter Absätze: nach oben nach unten nach links nach rechts	Alt + ⇧ + ↑ ↓ ← →
Erweitern bzw. Reduzieren von Text (unterhalb einer Überschrift); nur möglich in der Gliederungsansicht	Alt + ⇧ + + bzw. -
Höher- bzw. Tieferstufen eines nummerierten oder aufgezählten Absatzes	Alt + ⇧ + ← bzw. →

Bildschirmpräsentation steuern

Präsentation von Beginn an starten	F5
Präsentation ab der aktuellen Folie starten	⇧ + F5
Nächste Folie bzw. Animation	Linke Maustaste oder ↵ oder → bzw. Bild ↓ oder N oder Leertaste
Vorherige Folie bzw. vorige Animation	← bzw. ↑ oder Bild ↑ oder P oder ⇐

Bildschirmpräsentation steuern

Zur nächsten Folie wechseln, falls ausgeblendet	H
Wechsel zu einer bestimmten Folie	Foliennummer + ↵
Dialogfenster Alle Folien aufrufen	Strg + S
Anzeigen einer leeren schwarzen Folie (mit einer beliebigen Taste wird die Präsentation fortgesetzt)	B oder .
Anzeigen einer leeren weißen Folie (Mit einer beliebigen Taste wird die Präsentation fortgesetzt)	W oder ,
Zeiger in Stift ändern	Strg + P
Zeiger in Textmarker ändern	Strg + I
Zeiger in Pfeil ändern	Strg + A
Zeiger in Radierer ändern	Strg + E
Zeiger in Laserpointer ändern	Strg + L
Freihandmarkierungen ein- bzw. ausblenden	Strg + M
Zeichnung auf dem Bildschirm löschen	L
Taskleiste anzeigen	Strg + T
Pfeil bei Mausbewegungen ausblenden	Strg + H
Pfeil bei Mausbewegungen anzeigen	Strg + U
Wechsel zum nächsten oder ersten Hyperlink auf der Folie	⇆
Wechsel zum vorherigen oder letzten Hyperlink auf der Folie	Alt + ⇆
Hyperlink anklicken wie mit Maus (wenn Hyperlink ausgewählt ist)	↵
Präsentation beenden	Esc

6 Microsoft Outlook

Allgemein

Modul E-Mail anzeigen	Strg + 1
Modul Kalender anzeigen	Strg + 2
Modul Kontakte / Personen anzeigen	Strg + 3
Modul Aufgaben anzeigen	Strg + 4
Modul Notizen anzeigen	Strg + 5
Ordnerliste im Ordnerbereich anzeigen	Strg + 6
Wechsel zu den Verknüpfungen	Strg + 7
Modul Journal anzeigen	Strg + 8
Vorherige bzw. nächste Ansicht im Outlook-Hauptfenster	Alt + ← bzw. →

Erstellen von Elementen

Diese Shortcuts können Sie in jedem Modul verwenden, um eines der folgenden Elemente zu erstellen:

Neue E-Mail	Strg + ⇧ + M
Neuer Termin	Strg + ⇧ + A
Neue Besprechungsanfrage	Strg + ⇧ + Q
Neuer Kontakt	Strg + ⇧ + C
Neue Kontaktgruppe	Strg + ⇧ + L
Neue Aufgabe	Strg + ⇧ + K
Aufgabe erstellen und zuweisen	Strg + Alt + ⇧ + U
Neue Notiz	Strg + ⇧ + N
Neuer Ordner (Dialogfenster Neuen Ordner erstellen)	Strg + ⇧ + E
Neuer Suchordner (Dialogfenster Neuer Suchordner)	Strg + ⇧ + P

Allgemeine Befehle

Alles auswählen, z. B. im Anzeigebereich alle E-Mails auswählen oder alle Kontakte etc.	Strg + A
Rückgängig	Strg + Z
Wiederholen	Strg + Y
Drucken	Strg + P
Kopieren des markierten Texts oder Elements	Strg + C
Ausschneiden des markierten Texts oder Elements	Strg + X
Einfügen aus der Zwischenablage (Text oder Element)	Strg + V
Anwendung / Fenster schließen	Alt + F4
Bei geöffneter Nachricht: Wechsel zu vorheriger bzw. nächster Nachricht	Strg + , bzw. .
Infoleiste markieren (in einer E-Mail) und Menü Optionen anzeigen (falls aufrufbar)	Strg + ⇧ + W
Speichern (nicht im Modul Aufgaben), z. B. eine E-Mail als Entwurf	Strg + S
Speichern und Schließen (nicht in E-Mails), z. B. Termin-, Kontakt- oder Aufgabenformular	Alt + S
Öffnen des Dialogfensters Speichern unter	F12
Kopieren bzw. Verschieben eines Elements (öffnet die Dialogfenster Elemente kopieren bzw. Elemente verschieben)	Strg + ⇧ + Y bzw. Strg + ⇧ + V
Alle Ordner senden und empfangen	F9

Textformatierung

Die meisten Textformatierungen, die Sie aus den anderen Office-Anwendungen kennen (wie Word), sind auch in Outlook verfügbar, wie zum Beispiel fett, kursiv und unterstrichen. Eine Tabelle finden Sie auf Seite 30.

Befehle zur Suche von Elementen

Wechsel zur Sofortsuche	[Strg] + [E] oder [F3]
Suche löschen	[Esc]
Erweitern der Suche auf alle E-Mail-Elemente, alle Kalenderelemente oder alle Kontaktelemente, je nachdem, in welchem Modul Sie sich befinden	[Strg] + [Alt] + [A]
Verwenden der Erweiterten Suche	[Strg] + [⇧] + [F]
Erstellen eines Suchordners (Dialogfenster Neuer Suchordner wird geöffnet)	[Strg] + [⇧] + [P]
Suchen (Dialogfenster Suchen und Ersetzen, Befehl Suchen wird geöffnet)	[F4]
Gehen zu (Dialogfenster Suchen und Ersetzen, Befehl Gehen zu wird geöffnet)	[Strg] + [G]
Ersetzen (Dialogfenster Suchen und Ersetzen, Befehl Ersetzen wird geöffnet; über Erweitern kann nach die Suche verfeinert werden)	[Strg] + [H]

Arbeiten im Modul E-Mail

Adressbuch öffnen (öffnet Dialogfeld Adressbuch: Kontakte)	[Strg] + [⇧] + [B]
Neue E-Mail erstellen	[Strg] + [N]
Wechseln zu Posteingang	[Strg] + [⇧] + [I]
Wechseln zu Postausgang	[Strg] + [⇧] + [O]
Öffnen einer Nachricht im Nachrichtenfenster	[Strg] + [O]
E-Mail senden	[Alt] + [S]
Auf markierte Nachricht antworten	[Strg] + [R]
Allen Empfängern einer Nachricht eine Antwort senden	[Strg] + [⇧] + [R]
Im Lesebereich: Anzeige der vorherigen Nachricht	[Alt] + [↑]

Arbeiten im Modul E-Mail

Im Lesebereich: Scrollen nach unten bzw. oben	[ ] bzw. [⇧] + [ ]
Wechsel zur vorherigen bzw. nächsten Nachricht	[↑] bzw. [↓]
Reduzieren bzw. erweitern einer Gruppe (in der Liste mit E-Mail-Nachrichten)	[→] bzw. [←]
Antworten mit Besprechungsanfrage	[Strg] + [Alt] + [R]
Markierte E-Mail weiterleiten	[Strg] + [F]
E-Mail als Anlage weiterleiten	[Strg] + [Alt] + [F]
Nachverfolgung: markierte E-Mail zur Nachverfolgung kennzeichnen (öffnet Dialogfenster Benutzerdefiniert)	[Strg] + [⇧] + [G]
E-Mail als gelesen markieren	[Strg] + [Q]
E-Mail als ungelesen markieren	[Strg] + [U]
Suche nach neuen E-Mails (auf dem E-Mail-Server)	[Strg] + [M]
Namen überprüfen in den Feldern An, Cc, Bcc (im Nachrichtenformular; öffnet Dialogfenster Namen überprüfen)	[Strg] + [K]
Aufheben der Spam-Markierung für eine E-Mail	[Strg] + [Alt] + [J]
In einer Nachricht: Anzeigen von externen gesperrten Inhalt	[Strg] + [⇧] + [I]
Zuweisen Formatvorlage Standard	[Strg] + [⇧] + [N]
Markierte Auswahl fett formatieren (im Nachrichtenformular)	[Strg] + [⇧] + [F]
Markierte Auswahl kursiv formatieren (im Nachrichtenformular)	[Strg] + [⇧] + [K]
Markierte Auswahl unterstreichen (im Nachrichtenformular)	[Strg] + [⇧] + [U]
Rechtschreibprüfung (im Nachrichtenformular)	[F7]

Arbeiten im Modul E-Mail

Öffnen der E-Mail-Info (in einer ausgewählten Nachricht; falls verfügbar)	Strg + ⇧ + W
Elementeigenschaften anzeigen (wenn ein Element ausgewählt ist)	Alt + ↵

Tipp: QuickSteps fassen Routinearbeitsschritte zusammen und ermöglichen eine schnelle Anwendung mit einem Mausklick. Noch schneller geht es, wenn Sie für den QuickStep eine Tastenkombination festlegen. Die QuickSteps finden Sie im Register Start. Einige QuickSteps sind bereits standardmäßig enthalten. Klicken Sie auf QuickSteps verwalten, wählen Sie z. B. den QuickStep Antworten und löschen und klicken auf Bearbeiten. Im Fenster unten erhalten Sie die Möglichkeit, eine Tastenkombination auszuwählen.

Arbeiten im Modul Kalender

Erstellen eines Termins (im Modul Kalender)	Strg + N
Erstellen eines Termins	Strg + ⇧ + A
Erstellen einer Besprechungsanfrage	Strg + ⇧ + Q
Festlegen einer Serie (für ein geöffnetes Besprechungselement bzw. einen geöffneten Termin)	Strg + G
Anordnung Kalender: 1 Tag anzeigen	Alt + 1
Anordnung Kalender: 2 Tage anzeigen	Alt + 2
Anordnung Kalender: 3 Tage anzeigen	Alt + 3
Anordnung Kalender: 4 Tage anzeigen	Alt + 4
Anordnung Kalender: 5 Tage anzeigen	Alt + 5
Anordnung Kalender: 6 Tage anzeigen	Alt + 6

Arbeiten im Modul Kalender	
Anordnung Kalender: 7 Tage anzeigen	Alt + 7
Anordnung Kalender: 8 Tage anzeigen	Alt + 8
Anordnung Kalender: 9 Tage anzeigen	Alt + 9
Anordnung Kalender: 10 Tage anzeigen	Alt + 0
Bestimmtes Datum anzeigen (öffnet Dialogfenster Gehe zu Datum)	Strg + G
Markieren des vorherigen Termins	⇧ + ⇆
Wechseln zur Monatsansicht	Alt + ⇧ + 0 (Null) oder Strg + Alt + 4
Wechseln zum nächsten Tag	Strg + →
Wechseln zur nächsten Woche	Alt + ↓
Wechseln zum nächsten Monat	Alt + Bild ↓
Wechseln zum vorherigen Tag	Strg + ←
Wechseln zur vorherigen Woche	Alt + ↑
Wechseln zum vorherigen Monat	Alt + Bild ↑
Wechseln zum Anfang der Woche	Alt + Pos 1
Wechseln zum Ende der Woche	Alt + Ende
Wechseln zur Ansicht volle Woche	Alt + - oder S + Alt + 3
Wechseln zur Ansicht Arbeitswoche (Mo - Fr)	Strg + Alt + 2
Wechseln zum vorherigen Termin	Strg + ,
Wechseln zum nächsten Termin	Strg + .
Antworten auf eine Besprechungsanfrage (nur dem Absender antworten)	Strg + R

Arbeiten im Modul Kalender

Antworten auf eine Besprechungsanfrage (allen Teilnehmern antworten)	Strg + ⇧ + R
Weiterleiten (Termin oder Besprechung)	Strg + F
In der Tagesansicht:	
Markieren der Uhrzeit, zu der der Arbeitstag beginnt bzw. endet	Pos 1 bzw. Ende
Markieren des Zeitraums oben bzw. unten (im Fenster)	Bild ↑ bzw. Bild ↓
Markieren des vorherigen bzw. nächsten Zeitraums	↑ bzw. ↓
Markierte Uhrzeit erweitern bzw. reduzieren	⇧ + ↑ bzw. ↓
In der Monatsansicht wechseln zu:	
ersten Tag der Woche	Pos 1
gleichen Tag der Woche auf der vorherigen Seite	Bild ↑
gleichen Tag der Woche auf der nächsten Seite	Bild ↓

Arbeiten im Modul Kontakte / Personen

Neuer Kontakt (im Modul Kontakte)	Strg + N
Schließen eines Kontakts	Esc
Alle Kontakte auswählen	Strg + A
Eingeben eines Namens im Feld Kontakt suchen (Register Start, Gruppe Suchen)	F11
Weiterleitung markierter Kontakte per E-Mail	Strg + F
Neue Kontaktgruppe	Strg + ⇧ + L
Aktualisieren einer Liste mit Mitgliedern der Kontaktgruppe	F5
Suchen nach einem Kontakt oder Element	Strg + E

Arbeiten im Modul Kontakte / Personen

Wechseln zu demjenigen Kontakt, der als erster mit dem verwendeten Buchstaben beginnt (in Tabellen- oder Listenansicht)	⇧ + Buchstabe
Journaleintrag erstellen (für einen ausgewählten Kontakt)	Strg + J
Zu einem anderen Ordner wechseln (Dialogfenster Wechseln zu Ordner wird geöffnet)	Strg + Y
Öffnen des Adressbuchs	Strg + ⇧ + B
Im Kontaktformular: Sofern hinterlegt, wird die E-Mail 1, 2 oder 3 angezeigt.	Alt + ⇧ + 1 oder 2 oder 3

Arbeiten im Modul Aufgaben

Neue Aufgabe (im Modul Aufgaben)	Strg + N
Erstellen einer Aufgabenanfrage	Strg + ⇧ + Alt + U
Weiterleiten einer Aufgabe (als Anlage)	Strg + F
Kennzeichen eines Elements als erledigt	Einfg
Einblenden, Minimieren und Ausblenden der Aufgabenleiste	Alt + F2 (mehrmals)
Dialogfeld Wechseln zu Ordner öffnen	Strg + Y
Öffnen eines markierten Elements als Journaleintrag	Strg + J
Alle Elemente markieren	Strg + A
Öffnen eines Elements (markiert)	Strg + O
Drucken eines Elements (markiert)	Strg + P
Löschen eines Elements (markiert)	Strg + D

Ansicht

Ein Element öffnen	[↵]
Zum Element wechseln, das am unten bzw. oben am Bildschirmrand angezeigt wird	[Bild ↓] oder [Bild ↑]
Alle Elemente markieren	[Strg] + [A]
Aktives Element auswählen oder die Auswahl aufheben	[Strg] + [ ]
Wechseln zum nächsten oder vorherigen Element (ohne Erweiterung des Auswahlbereichs)	[Strg] + [↑] oder [↓]
Auswahlbereich um ein Element erweitern bzw. reduzieren	[⇧] + [↑] bzw. [↓]
Markieren von: vorherige Gruppe nächste Gruppe erste Gruppe letzte Gruppe (bei markierter Gruppe in Tabellenansicht)	 [↑] [↓] [Pos 1] [Ende]
Erweitern bzw. Reduzieren einer einzelnen markierten Gruppe	[→] bzw. [←]

Ansicht Visiten- bzw. Adresskarten

Markieren einer Karte oder Aufheben der Markierung	[Strg] + [ ]
Markieren der ersten bzw. letzten Karte der Liste	[Pos 1] bzw. [Ende]
Markieren der vorherigen bzw. nächsten Karte	[↑] bzw. [↓]
Markieren der ersten Karte auf der nächsten bzw. aktuellen Seite	[Bild ↓] bzw. [Bild ↑]
Markieren der nächsten Karte (in der nächsten bzw. vorherigen Spalte)	[→] bzw. [←]
Markierung erweitern auf die erste bzw. letzte Karte der Liste	[⇧] + [Pos 1] bzw. [Ende]
Markierung erweitern auf die erste Karte der vorherigen bzw. letzten Seite	[⇧] + [Bild ↑] bzw. [Bild ↓]

7 Microsoft One Note

Bearbeiten

Neues Fenster öffnen	Strg + M
Neue schnelle Notiz (kleines OneNote-Fenster)	Strg + ⇧ + M
Aktuelle Seite drucken	Strg + P
Kopieren von Text oder Element	Strg + C
Ausschneiden von Text und Element	Strg + X
Einfügen von Text oder Element (aus der Zwischenablage)	Strg + V
Alle Elemente einer Seite markieren	Strg + A
Letzte Aktion rückgängig	Strg + Z
Letzte Aktion wiederholen	Strg + Y
OneNote-Fenster andocken	Strg + Alt + D
Rechtschreibkontrolle	F7
Zeilenumbruch einfügen (ohne einen neuen Absatz zu beginnen)	⇧ + ↵
Kontextmenü einblenden (wenn eine Notiz oder ein Objekt etc. aktiv ist)	⇧ + F10
Wenn in der Informationsleiste eine Aktion vorgeschlagen wird: diese Aktion ausführen	Strg + ⇧ + W
Thesaurus öffnen (für ein markiertes Wort)	⇧ + F7
Um einen Buchstaben verschieben (nach links bzw. nach rechts)	← bzw. →
Um ein Wort verschieben (nach links bzw. nach rechts)	Strg + ← bzw. →
Cursor zum Zeilenanfang bzw. Zeilenende	Pos 1 bzw. Ende
Löschen eines Zeichens (links bzw. rechts vom Cursor)	⇦ bzw. Entf
Löschen eines Wortes (links bzw. rechts vom Cursor)	Strg + ⇦ bzw. Entf
Wiedergabe starten (Audio)	Strg + Alt + P

Bearbeiten

Beenden der Wiedergabe (Audio)	Strg + Alt + S
Vor- bzw. Zurückspulen einer Audioaufzeichnung	Strg + Alt + Y bzw. Strg + Alt + U

Elemente einfügen

Aktuelles Datum Aktuelles Datum und Uhrzeit Aktuelle Uhrzeit Zeilenumbruch	Alt + ⇧ + D Alt + ⇧ + F Alt + ⇧ + T Alt + ↵
Dokument/Datei einfügen (auf die aktuelle Seite)	Alt + I drücken, dann Taste I alleine
Dokument/Datei einfügen (als Ausdruck auf die aktuelle Seite)	Alt + I drücken, dann Taste T alleine
Grafik aus einer Datei einfügen	Alt + I drücken, dann Taste M alleine
Dokumentenausdrucke ein-/ausblenden (auf aktueller Seite und nur im Modus Hoher Kontrast 10 bzw. bei aktiviertem Kontrast-Design 11)	Alt + ⇧ + P
Tabelle erstellen (bereits eingegebener Text wird in die linke Spalte einer Tabelle mit zwei Spalten eingefügt)	↹
Weiteren Absatz in derselben Zelle erstellen (Tabelle)	Alt + ↵
Eine weitere Zeile wird in der Tabelle unter der aktuellen Zeile erstellt	Strg + ↵
Eine weitere Zeile wird erstellt (wenn sich der Cursor in der letzten Zeile einer Tabelle befindet). Drücken Sie Eingabe ein weiteres Mal, um die Tabelle fertig zu stellen.	↵
Eine weitere Spalte rechts der aktuellen Spalte erstellen	Strg + Alt + R
Entfernen einer leeren Zeile am Ende der Tabelle (Cursor muss in der ersten Zelle dieser Zeile seine)	Entf

Randnotizen und Seiten

Aktivieren/Deaktivieren der Ganzseitenansicht	F11
Zum nächsten Notizencontainer	Alt + ↓
Vergrößern	Alt + Strg + + (Ziffernbl.) oder Alt + Strg + ⇧ + +
Verkleinern	Alt + Strg + - (Ziffernbl.) oder Alt + Strg + ⇧ + -
Cursor hin zum Seitentitel verschieben	Strg + ⇧ + T
Neue Seite unter dem aktuellen Seitenregister erstellen	Strg + Alt + N
Neue Seite hinzufügen (am Ende des markierten Abschnitts)	Strg + N
Neue Unterseite erstellen (unter die aktuelle Seite)	Strg + ⇧ + Alt + N
Um ein Zeichen nach links bzw. rechts	← bzw. →
Zum Zeilenanfang bzw. -ende	Pos 1 bzw. Ende
Zum nächsten bzw. vorherigen Absatz	Strg + ↓ bzw. Strg + ↑
Nach oben bzw. unten in der aktuellen Seite	Bild ↑ bzw. Bild ↓
Zum Anfang bzw. Ende der aktuellen Seite	Strg + Pos 1 bzw. Strg + Ende
Wechsel zur ersten/letzten Seite der aktuellen Gruppe im Seitenregister	Alt + Bild ↑ bzw. Alt + Bild ↓
Zur zuletzt besuchten Seite bzw. Seite, die als nächstes besucht werden soll	Alt + ← bzw. →
Markierte Seitenregister nach oben bzw. unten verschieben	Alt + ⇧ + ↑ bzw. ↓

Formatierung und Markierung

Die Formatierungen und Markierungen, die Sie in OneNote verwenden können, entsprechen denen in Word (wie kursiv, fett, Formatvorlagen etc.). Diese können Sie auf Seite 30 nachschlagen. In der folgenden Tabelle werden deshalb nur noch spezielle Kombinationen erwähnt.

Text gelb hervorheben (der vorher markiert wurde)	Strg + ⇧ + H oder Strg + Alt + H
Die Standardformatvorlage für die aktuelle Notiz verwenden	Strg + ⇧ + N
Hilfslinien ein-/ausblenden	Strg + ⇧ + R
Notiz oder Objekt löschen (müssen markiert sein)	Entf

Gliederung

Vergrößern bzw. Verkleinern des Einzugs (um eine Ebene)	⇆ bzw. ⇧ + ⇆
Bis Ebene 1 anzeigen	Alt + ⇧ + 1
Erweitern bis Ebene 2 bis 9	Alt + ⇧ + 2 bis 9
Alle Ebenen erweitern	Alt + ⇧ + 0
Gliederung erweitern bzw. reduzieren	Alt + ⇧ + + bzw. Alt + ⇧ + -

Gliederung in OneNote

Um einen Text in OneNote zu gliedern, setzen Sie den Cursor in die entsprechende Zeile/den entsprechenden Absatz.

Eingegebener Text befindet sich automatisch auf Ebene 1. Drücken Sie ⇆, so wird die Zeile/der Absatz eingerückt und erhält die Ebene 2. Mit einem weiteren Tastendruck wandert der Text noch weiter nach rechts und wird zur Ebene 3. Mit ⇧ + ⇆ können Sie eine Zeile/einen Absatz eine Ebene zurückstufen.

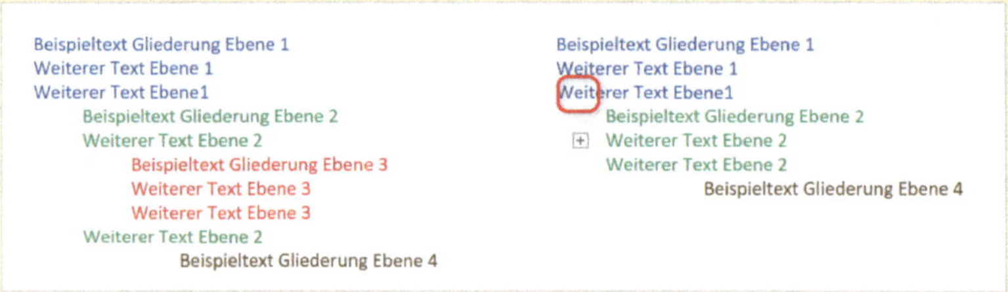

Im Bild sehen Sie links mehrere Textzeilen, die mit vier Ebenen gegliedert wurden (zur besseren Hervorhebung wurden diese farbig markiert). Mithilfe der Tastenkombination Alt + ⇧ + (Nummer) können Sie nun schnell und einfach verschiedene Ebenen ein- und ausblenden, siehe rechte Seite des Bilds. Hier wurde mit Alt + ⇧ + 2 die dritte Ebene ausgeblendet. Mit Alt + ⇧ + 3 lässt sich die Ebene 3 wieder einblenden. Die ausgeblendete Ebene kann man auch am Pluszeichen links neben dem Text erkennen.

Abschnitte und Notizbücher

Notizbuch öffnen	Strg + O
Zu einem anderen Notizbuch wechseln (auf der Navigationsleiste) Hinweis: Strg + G, danach ↓ bzw. ↑ verwenden, um das Notizbuch zu wechseln; dann ↵ zum Auswählen drücken	Strg + G
Abschnitt öffnen	Strg + Alt + ⇧ + O
Neuer Abschnitt	Strg + T
Aktuelle Seite verschieben oder kopieren (Dialogfenster öffnet sich)	Strg + Alt + M
Zum nächsten bzw. vorherigen Abschnitt wechseln	Strg + ⇆ bzw. Strg + ⇧ + ⇆
Zur ersten bzw. letzten Seite wechseln (im Abschnitt)	Alt + Pos 1 bzw. Alt + Ende

Abschnitte und Notizbücher

Zur nächsten bzw. vorherigen Seite wechseln (im Abschnitt)	Strg + Bild ↓ bzw. Strg + Bild ↑
Fokus auf das aktuelle Seitenregister setzen	Strg + Alt + G
Fokus auf den aktuelle Abschnittsregister setzen	Strg + ⇧ + G

Kategorien

Mit den folgenden Kombinationen können Sie die jeweiligen aufgelisteten Kategorien einfügen und auch entfernen (außer Strg + 0, das nur für das Entfernen verwendet wird).

(Nur für das) Entfernen aller Notizkategorien (aus der markierten Notiz)	Strg + 0
Kategorie Aufgaben	Strg + 1
Kategorie Wichtig	Strg + 2
Kategorie Frage	Strg + 3
Kategorie Für später vormerken	Strg + 4
Kategorie Definition	Strg + 5
Kategorie Hervorheben	Strg + 6
Kategorie Kontakt	Strg + 7
Kategorie Adresse	Strg + 8
Kategorie Telefonnummer	Strg + 9

Suchen

Aktuelle Seite durchsuchen	Strg + F
Alle Notizen durchsuchen	Strg + E

Suchen

Suche beenden	[Esc]
Suchergebnisbereich öffnen (nach dem Suchvorgang)	[Alt] + [O]
Wechsel zum vorherigen bzw. nächsten Ergebnis (wenn die aktuelle Seite durchsucht wird)	[F3] bzw. [⇧] + [F3]
Vorschau des nächsten Ergebnisses anzeigen (wenn alle Notizbücher durchsucht werden)	[↓]
Zum ausgewählten Ergebnis wechseln (wenn alle Notizbücher durchsucht werden) und Beenden der Suche	[↵]

Freigeben

Sie können Ihre Notizen auch für andere Benutzer oder Programme freigeben.

Aus der aktuellen Notiz eine Outlook-Aufgabe erstellen:	[Strg] + [⇧] +
Aufgabe Typ Kein Datum	[5]
Aufgabe Typ Heute	[1]
Aufgabe Typ Morgen	[2]
Aufgabe Typ Diese Woche	[3]
Aufgabe Typ Nächste Woche	[4]
Ausgewählte Outlook-Aufgabe öffnen	[Strg] + [⇧] + [K]
Ausgewählte Outlook-Aufgabe löschen	[Strg] + [⇧] + [0]
Ausgewählte Outlook-Aufgabe als erledigt markieren	[Strg] + [⇧] + [9]
Ausgewählte Seiten als E-Mail versenden	[Strg] + [⇧] + [E]
Aktuelle Seite als ungelesen markieren	[Strg] + [Q]
Änderungen in allen freigegebenen Notizbüchern synchronisieren	[F9]
Änderungen im aktuellen freigegebenen Notizbuch synchronisieren	[⇧] + [F9]

8 Microsoft Edge & mehr

- WordPad
- Rechner
- Paint
- MediaPlayer
- Medienwiedergabe
- Microsoft Edge
- Snipping Tool

WordPad

Allgemein	
Erstellen eines neuen Dokuments	Strg + N
Öffnen eines vorhandenen Dokuments	Strg + O
Speichern von Änderungen	Strg + S
Drucken eines Dokuments	Strg + P
Schließen	Alt + F4
Auswählen des ganzen Dokuments	Strg + A
Ausschneiden einer Auswahl	Strg + X
Kopieren der Auswahl in die Zwischenablage	Strg + C
Einfügen der Auswahl aus der Zwischenablage	Strg + V
Letzte Aktion rückgängig	Strg + Z
Wiederholen der Änderung	Strg + Y
Formatierungen	
Ausgewählter Text wird fett	Strg + B
Ausgewählter Text wird kursiv	Strg + I
Ausgewählter Text wird unterstrichen	Strg + U
Ausgewählter Text wird tiefgestellt	Strg + +
Ausgewählter Text wird hochgestellt	Strg + ⇧ + +
Text wird linksbündig ausgerichtet	Strg + L
Text wird zentriert	Strg + E
Text wird rechtsbündig ausgerichtet	Strg + R
Text wird als Blocksatz ausgerichtet	Strg + J
Zeilenabstand eine Zeile	Strg + 1

WordPad	
Zeilenabstand zwei Zeilen	Strg + 2
Zeilenabstand 1,5	Strg + 5
Alle Zeichen werden groß geschrieben	Strg + ⇧ + A
Ändern der Aufzählungszeichen	Strg + ⇧ + L
Cursor um ein Wort nach links bewegen	Strg + ←
Cursor um ein Wort nach rechts bewegen	Strg + →
Cursor um einen Absatz nach oben	Strg + ↑
Cursor um einen Absatz nach unten	Strg + ↓
Zum Dokumentanfang	Strg + Pos 1
Zum Dokumentende	Strg + Ende
Wechseln um eine Seite nach oben	Strg + Bild ↑
Wechseln um eine Seite nach oben	Strg + Bild ↓
Löschen des nächsten Wortes rechts vom Cursor	Strg + Entf
Löschen des nächsten Wortes links vom Cursor	Strg + ⇦
Sonstige	
Öffnen der WordPad-Hilfe	F1
Einfügen einer Paint-Zeichnung	Strg + D
Suchen im Text	Strg + F
Ersetzen von Text	Strg + H
Anzeigen von KeyTips	F10
Anzeigen des aktuellen Kontextmenüs	⇧ + F10

Eine Ära geht zu Ende: Mit Installation von bzw. Update auf Windows 11 - Version 24H2 wird WordPad aus Windows entfernt.

Rechner

Allgemein

Standardmodus	Alt + 1
Wissenschaftlicher Modus	Alt + 2
Diagrammmodus	Alt + 3
Programmiermodus	Alt + 4
Datumsberechnung	Alt + 5
Ein-/Ausblenden des Menüs	Alt + H
Ein-/Ausblenden des Berechnungsverlaufs (Der Verlauf wird automatisch ausgeblendet, sobald das Fenster der App eine bestimmte Größe unterschreitet. Hat das Fenster eine Mindestgröße, wird der Verlauf angezeigt und kann nicht per Tastenkombination ausgeblendet werden.)	Strg + H
Öffnen der Rechner-Hilfe	F1

Konverter

Über das Menü der App Rechner sind neben den verschiedenen Modi auch Konverter erreichbar, mit denen man unterschiedliche Längen, Währungen, Geschwindigkeiten usw. umrechnen kann. Rufen Sie das Menü mit Alt + H auf und navigieren Sie dann mit den Pfeiltasten ↓ und ↑ zur gewünschten Kategorie. Mit ↵ öffnen Sie diese und können dann die Werte eingeben sowie die Einheiten festlegen.

Sie können z. B. über Temperatur schnell Werte in Celsius, Fahrenheit und Kelvin umwandeln und so erfahren, dass 20°Celsius 68°Fahrenheit entsprechen oder 293,1 Kelvin.

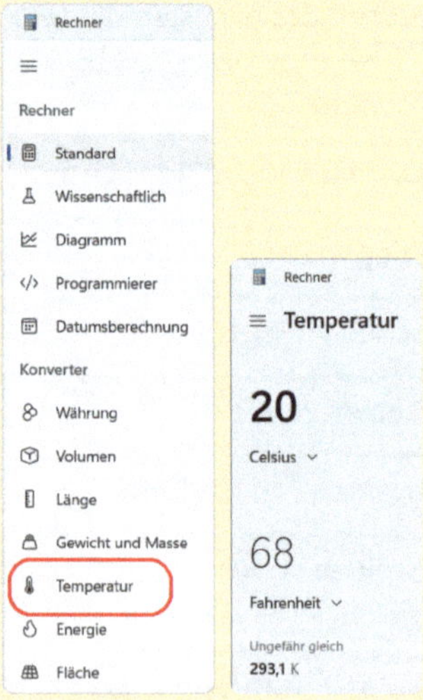

Neben den im Bild angezeigten Konvertern stehen noch folgende zur Verfügung: Geschwindigkeit, Zeit, Leistung, Daten, Druck und Winkel.

Rechner

Schaltflächen

Verwenden der Schaltfläche M-	Strg + Q
Verwenden der Schaltfläche M+	Strg + P
Verwenden der Schaltfläche MS	Strg + M
Verwenden der Schaltfläche MR	Strg + R
Verwenden der Schaltfläche MC	Strg + L
Verwenden der Schaltfläche %	⇧ + 5
Verwenden der Schaltfläche + /- (Vorzeichen einer Zahl ändern)	F9
Verwenden der Schaltfläche / (geteilt)	⇧ + 7
Verwenden der Schaltfläche * (mal)	⇧ + +
Verwenden der Schaltfläche +	+
Verwenden der Schaltfläche -	-
Verwenden der Schaltfläche 1/x	R
Verwenden der Wurzelschaltfläche ²√x	Alt Gr + Q
Verwenden der Zahlenschaltflächen (0 - 9)	0 - 9
Verwenden der Schaltfläche =	⇧ + 0 (Null)
Verwenden der Schaltfläche , (Dezimaltrennzeichen)	,
Verwenden der Schaltfläche für die Rücktaste	⇦
Verwenden der Schaltfläche C	Esc

Rechner	
Verwenden der Schaltfläche CE	Entf
Berechnungsverlauf	
Einblenden des Berechnungsverlaufs	Strg + H
Löschen des Berechnungsverlaufs	Strg + ⇧ + D
Navigation nach unten im Berechnungsverlauf	↓
Navigation nach oben im Berechnungsverlauf	↑
Abbrechen der Bearbeitung des Berechnungsverlaufs	Esc
Neuberechnen des Berechnungsverlaufs nach der Bearbeitung	↵
Im wissenschaftlichen Modus	
In den wissenschaftlichen Modus wechseln	Alt + 2
Auswählen von Deg	F3
Auswählen von Rad	F4
Auswählen von Grad	F5
Verwenden der Schaltfläche sinh	Strg + S
Verwenden der Schaltfläche cosh	Strg + O
Verwenden der Schaltfläche tanh	Strg + T
Verwenden der Schaltfläche (	⇧ + 8
Verwenden der Schaltfläche)	⇧ + 9
Verwenden der Schaltfläche ln	N
Verwenden der Schaltfläche sin	S
Verwenden der Schaltfläche cos	O
Verwenden der Schaltfläche tan	T

Rechner

Verwenden der Schaltfläche dms	M
Verwenden der Pi-Schaltfläche	P
Verwenden der Schaltfläche F-E	V
Verwenden der Schaltfläche Exp	X
Verwenden der Schaltfläche x^2	Q
Verwenden der Schaltfläche x^y	Y
Verwenden der Schaltfläche x^3	#
Verwenden der Schaltfläche log	L
Verwenden der Schaltfläche n!	⇧ + 1
Verwenden der Schaltfläche y√x	Strg + Y
Verwenden der Schaltfläche 10^x	Strg + G
Im Diagrammmodus	
In den Diagrammmodus wechseln	Alt + 3
In den Graphen hineinzoomen	Strg + +
Aus dem Graphen herauszoomen	Strg + -
Im Programmiermodus	
In den Programmiermodus wechseln	Alt + 4
Auswählen von Hex	F5
Auswählen von Dez	F6
Auswählen von Okt	F7
Auswählen von Bin	F8
Auswählen von Qword	F12

Rechner

Auswählen von Dword	F2
Auswählen von Word	F3
Auswählen von Byte	F4
Verwenden der Schaltfläche Mod	⇧ + 5
Verwenden der Schaltfläche (	⇧ + 8
Verwenden der Schaltfläche)	⇧ + 9
Verwenden der Schaltfläche Or	Alt Gr + < |
Verwenden der Schaltfläche Xor	^
Verwenden der Schaltfläche Not	Alt Gr + +
Verwenden der Schaltfläche And	⇧ + 6
Umschalten des Bitwerts im Programmiermodus	[ ]
Verwenden der Schaltflächen A - F (vorher: Auswahl von Hex)	A - F

Paint

Bearbeiten

Öffnen eines vorhandenen Bildes	Strg + O
Erstellen eines neuen Bildes	Strg + N
Speichern von Änderungen	Strg + S
Speichern des Bildes als neue Datei	F12
Drucken eines Bildes	Strg + P
Schließen eines Bildes (und des dazugehörigen Fensters in Paint)	Alt + F4

Paint	
Auswählen des gesamten Bildes	Strg + A
Aufheben einer Auswahl	Esc
Löschen einer Auswahl	Entf
Ausschneiden einer Auswahl	Strg + X
Kopieren einer Auswahl in die Zwischenablage	Strg + C
Einfügen einer Auswahl aus der Zwischenablage	Strg + V
Rückgängigmachen einer Änderung	Strg + Z
Wiederholen einer Änderung	Strg + Y
Verschieben der Auswahl oder aktiven Form nach rechts / links	→ / ←
Verschieben der Auswahl oder aktiven Form nach oben / unten	↑ / ↓
Ausgewählter Text wird fett	Strg + B
Ausgewählter Text wird kursiv	Strg + I
Ausgewählter Text wird unterstrichen	Strg + U
Vergrößern	Strg + Bild ↑
Verkleinern	Strg + Bild ↓
Anzeigen des Bildes in Vollbildmodus (Erneutes Drücken beendet des Vollbildmodus wieder.)	F11
Linie, Umriss einer Form oder den Pinsel um ein Pixel verbreitern	Strg + + (Pluszeichen in Ziffernblock verwenden)
Linie, Umriss einer Form oder den Pinsel um ein Pixel verkleinern	Strg + - (Minuszeichen in Ziffernblock verwenden)

Paint

Ein- und Ausblenden von Gitternetzlinien	Strg + G
Ein- und Ausblenden des Lineals	Strg + R
Sonstige	
Öffnen des Dialogfensters Bildeigenschaften	Strg + E
Öffnen des Dialogfensters Größe ändern und Zerren	Strg + W
Öffnen der Paint-Hilfe	F1
Anzeigen von KeyTips 10	F10 oder Alt
Anzeigen des aktuellen Kontextmenüs 10	⇧ + F10

Windows Media Player Legacy

Wiedergabe	
Dialogfensters Öffnen	Strg + O
Starten/Anhalten einer Wiedergabe	Strg + P
Beenden einer Wiedergabe	Strg + S
Wiederholung aktivieren/deaktivieren	Strg + T
Wiedergabe einer Mediendatei schließen/beenden	Strg + W
Nächster bzw. vorheriger Titel (in der Liste/auf der CD)	Strg + F bzw. Strg + B
Rücklauf starten/anhalten	Strg + ⇧ + B
Schneller Vorlauf starten/anhalten	Strg + ⇧ + F
Ein-/Ausschalten von Untertiteln (falls vorhanden)	Strg + ⇧ + C
Wiedergabe normale Geschwindigkeit	Strg + ⇧ + N

Windows Media Player Legacy	
Wiedergabe schnelle Geschwindigkeit	Strg + ⇧ + G
Wiedergabe langsame Geschwindigkeit	Strg + ⇧ + S
Lautstärkeregelung direkt im Media Player Lautstärke erhöhen Lautstärke verringern stumm schalten	 F9 F8 F7
Zufällige Wiedergabe ein-/ausschalten	Strg + H
CD/DVD auswerfen	Strg + J
Ansicht	
Ansicht Bibliothek	Strg + 1
Ansicht Design	Strg + 2
Ansicht Aktuelle Wiedergabe	Strg + 3
Videodarstellungsgröße auf 50 % ändern	Alt + 1
Videodarstellungsgröße auf 100 % ändern	Alt + 2
Videodarstellungsgröße auf 200 % ändern	Alt + 3
Ein-/Ausschalten des Vollbildmodus	Alt + ↵
Letzte Ansichten schrittweise vorwärts	Alt + →
Letzte Ansichten schrittweise rückwärts	Alt + ←
Im Detailbereich: Wechsel der Ansicht von Elementen	F4
Albumcover vergrößern	F6
Albumcover verkleinern	⇧ + F6
Einblenden der Menüleiste (in der Player-Bibliothek)	F10
Anzeigen des Kontextmenüs (bei ausgewähltem Element)	⇧ + F10

Windows Media Player Legacy

Ein-/Ausblenden der Menüleiste (Player-Bibliothek)	Strg + M
Wiedergabelisten	
Neue Wiedergabeliste erstellen	Strg + N
Vorherige Wiedergabeliste/Wiedergabe	Strg + ←
Nächste Wiedergabeliste/Wiedergabe	Strg + →
Auswählen aller Elemente in der Liste	Strg + A
Vorheriges Element (in Kapitel oder Liste)	Strg + B
Nächstes Element (in Kapitel oder Liste)	Strg + F
Anzeige der Hilfe	F1
Medieninformationen bearbeiten (bei einem ausgewählten Element in der Player-Bibliothek)	F2

Hinweis: Der Windows Media Player steht sowohl unter Windows 10 als auch unter Windows 11 zur Verfügung. Er ist allerdings ein Auslaufmodell und wird nicht mehr weiterentwickelt. Deshalb hat er auch den Zusatz „Legacy" erhalten. Der Nachfolger unter Windows 11 ist die App Medienwiedergabe.

Medienwiedergabe

Allgemein	
Dialogfensters Öffnen	Strg + O
Wiedergabe pausieren/fortsetzen	Strg + P
Nächster Titel	Strg + F
Vorheriger Titel	Strg + B
Wiedergabegeschwindigkeit: 0,25 x	Strg + ⇧ + G
Wiedergabegeschwindigkeit: 0,5 x	Strg + ⇧ + H

Medienwiedergabe	
Wiedergabegeschwindigkeit normal	Strg + ⇧ + J
Wiedergabegeschwindigkeit: 1,5 x	Strg + ⇧ + K
Wiedergabegeschwindigkeit: 2 x	Strg + ⇧ + L
10 Sekunden zurück springen	Strg + ←
30 Sekunden nach vorne springen	Strg + →
Zufällige Wiedergabe ein/ aus	Strg + H
Wiederholung (nacheinander gedrückt: Wiederholung alle Titel - Wiederholung einzelner Titel - Wiederholung aus - Wiederholung alle Titel)	Strg + T
Auf Gerät abspielen	Strg + K
Suchen	Strg + E
Eigenschaften eines Mediums (z. B. Songdatei; werden in einem gesonderten Fenster angezeigt)	Strg + I
Ansichten	
Vollbild bzw. zur vorherigen Fenstergröße zurück	F11
Miniplayer	Strg + M
Startseite	Strg + ⇧ + F
Musikbibliothek	Strg + R
Videobibliothek	Strg + D
Wiedergabewarteschlange	Strg + Q
Wiedergabelisten	Strg + Y
Einstellungen	Strg + G
Dialogfenster Equalizer öffnen	Strg + ⇧ + E

Microsoft Egde

Allgemein	
Bildschirm für Bildschirm nach unten scrollen	[ ] (Leertaste)
Bildschirm für Bildschirm nach oben scrollen	[⇧] + [ ] (Leertaste)
Über die Adressleiste eine Suche starten (Bing durchsuchen)	[Strg] + [E] oder [Strg] + [K]
Auf der Seite suchen	[Strg] + [F]
In der Suchleiste: zum nächsten Treffer springen	[Strg] + [G]
In der Suchleiste: zum vorherigen Treffer springen	[Strg] + [⇧] + [G]
Aktuelle Registerkarte/Tab stumm schalten bzw. den Ton wieder einschalten	[Strg] + [M]
Verlauf öffnen	[Strg] + [H]
Aktuelle Seite zu den Favoriten hinzufügen	[Strg] + [D]
Alle geöffneten Registerkarten/Tabs als Favoriten in einem neuen Ordner speichern	[Strg] + [⇧] + [D]
Favoriten öffnen	[Strg] + [⇧] + [O]
Favoritenleiste ein- oder ausblenden	[Strg] + [⇧] + [B]
Downloads öffnen	[Strg] + [J]
Adressleiste auswählen (die URL in der Adressleiste markieren)	[Strg] + [L] oder [F4] oder [Alt] + [D]
Lautes Vorlesen starten/beenden	[Strg] + [⇧] + [U]
Menü Einstellungen und mehr öffnen	[Alt] + [E] oder [Alt] + [F]
DevTools öffnen	[Strg] + [⇧] + [I] oder [F12]
Dialogfeld Feedback senden öffnen	[Alt] + [⇧] + [I]

Microsoft Egde

Hilfe öffnen	F1
Tastaturnavigation aktivieren bzw. deaktivieren	F7
Kontextmenü öffnen	⇧ + F10
Vollbildmodus ein- bzw. ausschalten	F11
Seiten und Registerkarten/Tabs	
Neues Fenster öffnen	Strg + N
Neues Fenster für InPrivate Browsing öffnen	Strg + ⇧ + N
Eine Seite zurück	Alt + ←
Eine Seite vor	Alt + →
Neuen Tab öffnen	Strg + T
Zu Tab-Nummer 1, 2, 3, ... wechseln	Strg + 1, 2, 3, ...
Zum nächsten Tab springen	Strg + ⇆
Zum vorherigen Tab springen	Strg + ⇧ + ⇆
Aktuellen Tab duplizieren	Strg + ⇧ + K
Aktuellen Tab schließen	Strg + W oder Strg + F4
Aktuelle Seite drucken	Strg + P
Über das Systemdialogfeld drucken (öffnet das Dialogfenster Drucken)	Strg + ⇧ + P
Seite aktualisieren	Strg + R oder F5
Reinzoomen	Strg + +
Rauszoomen	Strg + -
Zoom zurücksetzen	Strg + 0 (Null)

Microsoft Egde	
Laden der Seite abbrechen; Dialogfeld oder Popup-Fenster schließen	Esc
Link in neuem Tab öffnen	Strg + Anklicken des Links mit der Maus
Link in neuem Tab öffnen und zu diesem Tab springen	Strg + ⇧ + Klick
Link in neuem Fenster öffnen	Alt + ⇧ + Klick
Geschlossenen Tab wieder öffnen	Strg + ⇧ + T

Snipping Tool	
Öffnen des Snipping Tools	Windows-Taste + ⇧ + S
Schließen des Snipping Tools	Esc

Das Snipping Tool

Mit diesem praktischen Helfer erstellen Sie einfach und schnell einen Screenshot, also eine Kopie dessen, was gerade auf Ihrem Bildschirm zu sehen ist.

Mit der Tastenkombination Windows-Taste + ⇧ + S öffnen Sie das Snipping Tool. Der Bildschirm wird ausgegraut und oben wird die Bearbeitungsleiste eingeblendet. Sie haben die Wahl einen Screenshot ❶ oder ein Bildschirm-Video ❷ zu erstellen. Für einen Screenshot können Sie durch Anklicken von ❸ die Art des Bildschirmausschnitts wählen:

- Mit Auswahl von Rechteck können Sie ein Rechteck aufziehen (linke Maustaste gedrückt halten, Form aufziehen und dann Maustaste loslassen). Alles im Rechteck wird in den Screenshot aufgenommen, der Rest nicht.
- Zur Aufnahme des aktuell markierten Fensters wählen Sie Fenster.
- Mit Vollbild erstellen Sie einen Screenshot des gesamten Bildschirms.

- Die Option Freihandform ermöglicht es Ihnen, eine Form Ihrer Wahl aufziehen. Das heißt, Sie können dem Screenshot jede beliebige Form geben. Sie starten an einem Punkt, drücken die linke Maustaste und ziehen die Linie. Diese muss am Ende wieder zum Anfangspunkt führen.

Mit dem X oder der Taste Esc können Sie das Snipping Tool beenden.

Der aufgenommene Screenshot wird automatisch in die Zwischenablage kopiert. Von dort aus kann er in verschiedene Programme eingefügt werden, z. B. Word oder Paint. Das geht am schnellsten, indem Sie das entsprechende Programm öffnen und mit Strg + V den Inhalt der Zwischenablage, also den Screenshot, einfügen.

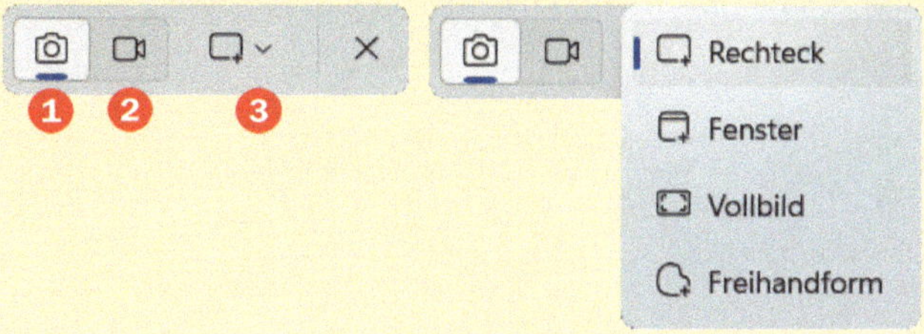

Notizen

Meine wichtigsten Tastenkombinationen